Genograma
y
Mentoring

Mis claves
para aprender a cambiar

Ernesto Beibe
- Mentor -

A mi hija Irene, que diseñó el camino.
Y a mi hermano Pablo, que lo construyó.

Como legado a mis hijos Irene, Mariana y Andrés.
A mis nietas Isabella, Carolina y Emma.
Y a los que están por venir.
Porque ya formo y formaré parte de sus propios Genogramas

AGRADECIMIENTOS

En realidad, este libro ha salido a la luz casi realizado como una empresa de familia.

Contiene muchos años de ilusión y trabajo por llevarlo a cabo.

Luego de muchos avatares, mi hija la Dra. Irene Beibe Ph.D en Literatura Hispánica fue quien le dio un orden y un sentido a la presentación, con su experiencia, su sentido común impecable, y su capacidad de articulación de los distintos niveles de mi tarea de Mentor.

Con imparable fuerza, aun en condiciones adversas, fue mi hermano Pablo Beibe quien llevó adelante el titánico esfuerzo de la organización interna, convirtiéndose en el alma mater de este libro, con su ayuda, interés, sentido del orden y su posibilidad de discriminar lo importante de lo subsidiario.

Entra aquí para el pulido final y corrección de estilo, la Licenciada en Comunicación, Sabrina Cuculiansky Beibe, con una vasta experiencia en el mundo editorial.

Me interesa destacar especialmente que entre tantas funciones y tareas, ellos lograron con maestría, conservar mi voz.

Conté al comienzo con la colaboración de mi hijo Andrés Beibe, que se dedicó a reunir el material de clases y artículos escritos por mí durante una década.

Luego en el camino del gestado de este libro, fui acompañado por Fernando Fagnani, la Dra. Marianela Ruiz y el empuje permanente de Carlos Mazalan para obligarme a darle una forma definitiva a este proyecto.

Como siempre, me acompaña desde el comienzo de mi labor, Carlos Magnoni, que es quien desde el principio pudo interpretar gráficamente mis palabras y convertirlas en imagen, él es el autor del diseño de tapa.

Para finalizar, (last but not least) agradezco a todas aquellas personas que creyeron en mí porque gracias a ellos he completado las experiencias volcadas en este libro. Sepan que cada uno de ustedes está escondido entre estas páginas.

P.S.

Los dibujos originales que aparecen en el libro han sido dibujados por mí, fueron en algún momento metáforas gráficas que utilicé tal cual con mis Clientes durante las sesiones de trabajo.

Ernesto Beibe, Buenos Aires-Barcelona, Febrero de 2015.

Prólogo

Este es un libro de trasvasamiento generacional, escrito por un Mentor de gran trayectoria y experiencia acumulada. Es una obra que transmite gran parte de sus saberes y conocimientos a otros profesionales interesados en ayudar al bien-vivir de las personas. Describe la tarea pedagógica y educacional que funciona de manera terapéutica para el Cliente.

Las fuentes del conocimiento utilizado, con un resultado altamente comprobado, llegan desde lo pedagógico, la fisiología del cuerpo humano, la etología, de distintas ramas de la medicina, de la historia, la sociología, la filosofía, del pensamiento estratégico, del marketing, de algunas corrientes psicológicas y de la observación de las relaciones entre los humanos.

La experiencia acumulada durante años en el trabajo de asistencia a personas, familias y empresas, permiten poner en evidencia los cambios que se suceden en las relaciones entre las personas y sus articulaciones internas.

El Mentor utiliza el método de hacer consciente lo inconsciente para que el Cliente pueda pasar a la acción y mejorar sus molestos síntomas. El objetivo final es ayudar al individuo a descubrir su historia para poder modificarla.

Genograma y Mentoring es una comprobada guía para los actuales y los futuros mentores, para maestros, psicólogos, médicos, consultores de empresas, coaches y para todo aquel que le interese ayudar a otros al bien-vivir.

A partir de estos conceptos, apoyados en metáforas, diseños, ilustraciones e información, cada cual puede utilizar el material como complemento de lo que ya sabe.

La pericia y la creatividad que logra transmitir *Genograma y Mentoring* funcionan también como un disparador para que corroboren conocimientos así como para poner en funcionamiento nuevas técnicas acordes a cada profesión.

También está dirigido para aquellos que quieren mejorar su modo de vivir ya que los distintos temas desarrollados le servirán para reflexionar y darse permiso para cambiar. Cada cual podrá identificarse al encontrar analogías y, por ende, podrá comprender los mecanismos que lo llevan a vivir con preocupaciones, con miedos, con sensaciones de peligro constante y hasta podrá entender la raíz de ciertos síntomas corporales.

Las dificultades pueden provenir de diversas causas como, por ejemplo, duelos no elaborados, baja tolerancia a la frustración, malentendidos en la pareja y problemas de relación con los padres y con los hijos.

Estas problemáticas, dificultades, alegrías y tristezas llevan inexorablemente a los conflictos.

Pero para no tener que sufrir los síntomas de las crisis hay que entender que los conflictos no son una guerra sino un intercambio de opiniones encontradas y contrapuestas entre los miembros de una familia, de una organización o de una empresa.

El hombre es un ser gregario, es decir que nadie nació de un huevo, por eso todos integramos el género humano, provenimos de familias y vivimos incluidos en una sociedad organizada.

Después del largo trabajo con individuos, familias y empresas en varios continentes, en distintos idiomas y con varias culturas, tengo la certeza que los núcleos familiares se organizan de un modo muy similar. Es decir que no existe familia sin conflictos.

Hablar de conflictos es hablar de dificultades en la comunicación y eso no significa hablar de guerra. Sólo al negociar se puede evitar que se generen dicotomías como vencedores y vencidos, prepotentes y humillados, víctimas y victimarios, contusos, heridos o muertos.

Muchas personas utilizan el paradigma de la guerra: "llegaremos al objetivo, arrasaremos con la competencia", "doblegaremos al cliente para que nos compre" "atravesaremos fronteras". Quienes usan estas metáforas actúan como guerreros y no como personas que buscan armar relaciones sociales que generen redes de salud física y mental con el objetivo de construir relaciones familiares y económicas duraderas.

Este es un libro que no está escrito como una novela desde el comienzo al fin.

Es un libro al que se puede acceder desde cualquier lugar, abrir en cualquier capítulo o leer cualquier párrafo porque está pensado pedagógicamente para enseñar y aprender.

Si bien tiene un orden lógico, todo lo que está escrito le pertenece ahora al lector para que lo utilice como quiera o lo mejor que pueda.

En *Genograma y Mentoring* no hay consejos de cómo y qué hacer, sino una invitación a abrir la mente y a sumar experiencias.

Es un libro para pensar, aprender y actuar.

Ernesto Beibe.

ÍNDICE

4.   CUARTA PARTE

CONCLUSIONES

PRIMERA PARTE

MOTIVOS DE CONSULTA

Introducción
Crisis y nuevos equilibrios
Dudas e incertidumbres
Crisis de la edad media
Crisis del fracaso de una ilusión
Fracaso frente al éxito
Parálisis frente a los cambios
Procrastinación, el arte de postergar
Apatía y desmotivación
El síndrome del burn-out
Ofensas y maltratos
Soledades, pérdidas y abandonos
Estafadores y estafados
Culpa, pecado y responsabilidad
El futuro no existe

Introducción

Los motivos de consulta de mis clientes son universales. Son motivos comunes a todo el camino transitado como seres humanos. Muchos de ellos habían intentado diferentes maneras de resolver situaciones disfuncionales pero no encontraron quien los auxiliara a resolverlas.

El Mentor ayuda a que se pueda salir del círculo vicioso y encontrar un camino hacia una nueva realidad y hacia un nuevo equilibrio, porque las crisis, como se verá en estos capítulos, no son el final de nada sino una posibilidad de ver nuevas puertas que se abren y que ofrecen destinos aún mejores que los anteriores.

Por motivos internos, externos, de familia, de trabajo o de sociedad, una persona puede sentir que los problemas lo superan y no puede resolverlos. Puede ser algo como estar constantemente angustiado, sentir que tiene dificultades o discusiones sin salida con su mujer o con su familia, porque vive perdiendo oportunidades de hacer buenos negocios o porque tal vez tienen migrañas y no encuentra la causa ni el alivio aún con la ayuda de los más modernos estudios médicos.

Algunos consultan por muertes recientes o descubren que cargan con duelos no elaborados. No es inusual también que acudan quienes quieren replantearse la vida, la pareja o la profesión (ver "Camino del duelo", pág. 255).

Igualmente quienes van pasando crisis concretas referentes a la edad o más puntuales tal como un despido o la aparente felicidad de la jubilación que en realidad lo que les provoca es depresión.

Y así diferentes situaciones y conflictos que los llevan, voluntariamente o a la fuerza, a revisar sus realidades y su visión del mundo, rompiendo con algo anterior para enfrentarlos a una situación nueva.

Crisis y nuevos equilibrios

La mayor parte de los motivos por los cuales se consulta a un Mentor se relacionan con los momentos en los que aparecen situaciones de crisis.

Generalmente la persona no conoce cómo fue que comenzó a gestarse esa "crisis", ni tampoco entiende la envergadura que tiene. Es por eso que el consultante llega cuando sufre de un gran malestar a lo que se le suma la sensación de que algo malo se instalará definitivamente en él.

> El consultante llega cuando sufre de un gran malestar a lo que se le suma la sensación de que algo malo se instalará definitivamente en él.

Esto le genera mucha ansiedad, angustia, irritabilidad y signos de malestar físico, con el agregado de una sensación lógica de inestabilidad.

Porque justamente "crisis" es sinónimo de inestabilidad, es decir, de algo que está cambiando. Lo que hasta ese momento era estable, deja de serlo.

> "Crisis" es sinónimo de inestabilidad, es decir, de algo que está cambiando. Lo que hasta ese momento era estable deja de serlo.

En este capítulo, vamos a detallar varios tipos de crisis que se manifiestan a lo largo de la vida. Como el tema es tan extenso tomaremos sólo algunos de los más representativos y comunes que suelen aparecer en las consultas.

Las Crisis

En el inconsciente colectivo, la palabra crisis está asociada a peligro. Cuando leemos la palabra "crisis" en los títulos de un periódico o la escuchamos por cualquier medio de difusión, lo primero que pensamos es que estamos perdidos, que explotó todo.

Las personas, en general, utilizan la palabra crisis para explicar que se está frente a situaciones poco comunes, dificultosas, que tienden a las complicaciones, a la catástrofe o a situaciones sin salida.

Esa palabra crisis adquiere una forma casi corpórea que hasta sería posible medir:

¿Es grande?

¿Es honda?

¿Es extensa?

¿Es intensa?

Por otra parte, la persona que escucha a quien la atraviesa, generalmente le suma a estos interrogantes un sentimiento de horror, de conmiseración, de lástima por el otro que sufre una crisis.

En este caso, la palabra sufrimiento se asocia con que el individuo pudo haber recibido un daño o que se lo están produciendo ahora o que está en el fantasma de una catástrofe que le caerá encima y lo dañará.

La palabra 'crisis'

Es el "joker", un comodín que suele usarse en cualquier situación de angustia porque nadie se anima a decir "estoy en peligro". En vez de eso dicen: "estoy en crisis". Sin embargo, aunque no se explicite, todos entienden que cuando se dice "crisis" se habla de peligro.

> Un comodín que suele usarse en cualquier situación de angustia porque nadie se anima a decir "estoy en peligro".

Es necesario que el Mentor le explique esto al Cliente, quien realmente está sufriendo, para que vislumbre qué es lo que está viviendo, por qué lo siente así, y que pueda comprender que está atravesando por un momento de transición. Que entienda que esta situación no es algo definitivo.

> Es necesario que el Mentor le explique esto al cliente y que pueda comprender que está atravesando por un momento de transición.

El mentor intervendrá también para ayudarlo a dejar de usar la muletilla "crisis" tanto para comunicarse con los demás y como manera de compadecerse de sí mismo.

¿Qué es una 'crisis'?

Una crisis es simplemente un cambio de estado físico, anímico y vital. Puede ser, por ejemplo, un cambio de status, de posición social o un cambio de valores.

Es un cambio de paradigmas, es el establecimiento de un nuevo orden o de un nuevo equilibrio.

Atención, no estamos hablando de fenómenos naturales o situaciones trágicas de la vida. Un huracán no es una crisis, una inundación no es una crisis, un terremoto, un tsunami, no son crisis.

> Las crisis nacen chiquitas y van creciendo. Necesitan un tiempo de desarrollo para convertirse en crisis complejas, complicadas y profundas.

Aunque les cambie la vida o la forma de interactuar a millones de personas, a nadie se le va a ocurrir hablar de crisis cuando hay evacuados por un fenómeno climático o cuando se desbarranca un ómnibus lleno de personas, en estos casos pasarán a llamarse víctimas, víctimas de verdad, no "personas en crisis"

Las crisis necesitan un tiempo de desarrollo para convertirse en crisis complejas, complicadas y profundas.

Las crisis nacen chiquitas y van creciendo hasta hacerse notar porque están produciendo cambios, algunos serán desfavorables, otros, por el contrario, serán de mucho provecho.

Cuando un pueblo, un colectivo de personas, una familia o una persona, sufre una crisis, el momento del cambio de equilibrio no es justo en ese instante sino que fue gestándose desde mucho tiempo antes.

De la crisis que nadie se salva es la primera que sufre una persona, es la crisis del nacimiento.

De chuparse el dedo con placer y nadar como un pececito durante meses meciéndose sin frío, calor, luz ni oscuridad se pasa de un momento a otro al estallido de la crisis: canal de parto, voces, ruidos insoportables, luz, frío, manos extrañas que lo tocan, lo tironean y lo golpean para que comience a respirar.

Éste es un verdadero estado de crisis.

Un brusco cambio de equilibrios auditivos, pulmonares y de temperatura, con posibilidad de perder las defensas frente a un virus o algo peor, es, justamente lo que retrata la palabra crisis en toda su dimensión.

Una crisis se gesta, por ejemplo, cuando los hijos de una familia crecen y ya no caben todos en la habitación-dormitorio (casa) de los padres, entonces se generan nuevos equilibrios, que obviamente traen disputas por los lugares físicos o psíquicos en donde los padres todavía sirven de centro, de semáforo.

Pero esto inexorablemente se acaba y llegará el momento en que los padres se verán relegados a ser "alguien más de la familia" y ya no el centro. Ellos también vivirán una crisis.

> **Crisis es lo que hace que una persona en la mediana edad tenga que renunciar a sueños, fantasías y proyectos cuando descubre la finitud de su vida y debe cambiar una serie de equilibrios.**

Crisis se generan también en las parejas cuando ambos o uno de los miembros va cambiando individualmente sus actitudes y valores frente al otro que registra "de repente" que el cambio en sus relaciones creó un nuevo orden, un nuevo equilibrio.

Crisis se tiene en la vida a lo largo de todo el crecimiento, tal como sucede a los chicos que pasan de tener una zapatilla talle 32 a una 36 y se tropiezan contra todos los muebles. Aquí también se generan nuevos equilibrios porque al desarrollarse este niño-adolescente necesitará más espacio para moverse.

Del mismo modo, un casamiento es una crisis porque el orden anterior se rompe.

Cada cual tenía sus costumbres, amigos, comportamientos y ahora deben armar un nuevo equilibrio, conocer, aceptar e integrar caras nuevas. Además de renunciar a muchas cosas que fueron rutina antes de compartir la almohada con un otro.

Crisis es lo que hace que una persona en la mediana edad tenga que renunciar a sueños, fantasías y proyectos cuando descubre la finitud de su vida y debe cambiar una serie de equilibrios internos, familiares, sociales, laborales y vocacionales. Cuando esto pasa, esa persona que quiere llegar siendo joven a una edad mayor, adquiere nuevos hábitos de relación y convivencia con los demás y consigo mismo (ver "Crisis de la mediana edad", pág. 279).

Denominador Común

Todas las crisis, tienen un común denominador: estas situaciones de cambio no crecen repentinamente sino que se van desarrollando lenta e inexorablemente.

> Estas situaciones de cambio no crecen repentinamente sino que se van desarrollando lenta e inexorablemente.

Posiblemente emergen bruscamente pero eso ya es otro cantar.

¿Cuál es la función del Mentor aparte de explicar estos hechos didácticamente?

Es la de acompañar al Cliente a comprender como nació su crisis, esa por la que está pasando. Ayudarlo a que la integre como parte de su naturaleza y no como si fuera algo que viene del exterior.

A pensar cómo y qué estrategias utilizar tales como el intelecto y la acción. Así como cuáles son las herramientas que lo llevarán a sacar el máximo provecho de estas crisis, que bienvenidas sean, le van a servir para crecer.

Dudas e incertidumbres

Lo primero que hay que saber es que el Mentor no usa las palabras bueno o malo para definir temas o situaciones sino que utiliza funcional o dis-funcional. Lo segundo a saber es que dudar no es ni funcional ni disfuncional.

Dudar es la necesidad de comparar y medir. Es definir y organizar, priorizar y adaptarse al medio de una manera racional. Se debe contar con elementos de juicio suficientes para determinar los beneficios de una o de otra opción. De esta manera se acortan los tiempos de incertidumbre y las actividades fluyen, las relaciones fluyen y la vida fluye.

> Dudar es la necesidad de comparar y medir. Es definir y organizar.

Si se toma como ejemplo una cena en un restaurante, se observa que el camarero va y vuelve varias veces a la espera de que el Cliente decida. Pero sigue dudando y ya va por su séptima opción de plato. Pero él no sólo duda sino que verdaderamente sufre porque no puede decidirse, porque queda mal con el que lo invita y porque finalmente come cualquier cosa ya que "no pude decidirme".

Lo funcional o disfuncional también sucede en las parejas. La gran pregunta que suelen hacerse las personas es si "somos el uno para el otro", entonces lo consultan con amigos y en "honor" a la franqueza se lo preguntan directamente al compañero quien se queda desconcertado. La duda también aparece en las parejas con cuarenta años de convivencia en donde la crisis ronda permanentemente. Allí las dudas giran más rápidamente que un molino de viento y erosionan la poca confianza que va quedando en la relación.

> **El Mentor ayuda a discernir si en determinados casos la duda es funcional.**

El motivo de consulta al Mentor acerca de ciertas dudas llega también en el área de los negocios. "Siempre arruino las cosas perdiendo tiempo y las oportunidades con mis dudas", cuenta el Cliente. ¿Es funcional o disfuncional la duda en los negocios?, ¿y en las transacciones? "Siempre lo mismo, nunca me decido", suele decir el Cliente (ver "Buscando salidas", pág. 267).

> **La duda disfuncional atenta contra su bienestar.**

Frente a estas situaciones que parecen sin salida, el Mentor ayuda a discernir si en determinados casos la duda es funcional. Si es así, se está frente a la duda necesaria para determinar día a día, hora a hora, minuto a minuto las mejores decisiones a tomar para lograr la mejor adaptación a la vida en el sentido más amplio.

Cuando se comprende junto al Cliente que la duda es disfuncional se comprende cómo esta duda le hace perder oportunidades, mata su confianza, su seguridad y le atempera las pasiones, la frescura, la pureza, y finalmente, atrasa fortuna. En una palabra, la duda disfuncional atenta contra su bienestar.

La duda carcome, desintegra relaciones, fagocita

tiempos, los pierde, los entierra, los desluce. La duda es la disgregadora de las relaciones. Las dudas lo dejan a uno desprotegido, inerme, desnudo e indefenso.

Vivir dudando del potencial es como firmar un contrato de por vida con el fracaso. Es lo más caro para la empresa, especialmente para la empresa de vivir.

Hace falta utilizar el doble de fuerzas para salir del estado de duda, es decir, de ese estado de parálisis, de stress permanente que conlleva a un registro de peligro continuo.

> **Vivir dudando del potencial es como firmar un contrato de por vida con el fracaso.**

Cuando se logra vencer la inercia se pasa al otro mundo, al mundo de las certezas, un lugar en donde se puede priorizar, tener seguridad y ser líder de uno mismo para poder guiar, primero a su vida, después a sus hijos y a su empresa.

La duda es el miedo a fracasar, pero no al fracaso en sí sino a que hablen mal de uno, que sea mal-calificado, burlado, echado, mal-querido o no reconocido.

Por todo eso duda. Por eso sufre. Por eso vive un permanente estado de ansiedad. Esa persona no está en la disyuntiva de elegir entre dos cosas, una mejor y otra no tan mejor. No puede elegir nada. La duda es un verdadero infierno.

> **Esa persona no está en la disyuntiva de elegir entre dos cosas, una mejor y otra no tan mejor. No puede elegir nada. La duda es un verdadero infierno.**

Una batalla campal que pasa por su cabeza entre milisegundos y horas. Que se genera desde adentro, desde la inseguridad, pero que involucra cada vez a más gente al hacerla partícipe y complicarle la vida.

Esto sucede en todos los aspectos. Desde elegir eternamente un menú en un restaurante, tomar decisiones que involucran una pareja, hacer determinaciones familiares importantes o tomar acciones empresariales de alto nivel.

> Tarea del Mentoring: aventar los fantasmas de la descalificación, que es el motor de la duda disfuncional.

El Cliente con esta dificultad vive entre un "quiero o no quiero", "lo hago o no lo hago". Participa primero con los más cercanos y después va inexorablemente involucrando a una organización entera.

Compro o no compro, vendo o no vendo, me asocio no me asocio, no sé si te quiero o no te quiero, y finalmente cae en la dependencia hasta necesitar que el otro diga "mira, dejémoslo así", o que diga, sí.

Esto ya deja de ser un estado de duda y pasa a ser un estado de dependencia disfrazado de duda, es un estadio infantil no superado, de un niño que necesita la mano de un padre que lo lleve sin que medie su voluntad. Va confiado donde el padre vaya.

> La procrastinación entra y forma parte de esa duda disfuncional.

Por lo general, estas situaciones de dudas constantes, pueden ser síntomas de situaciones más profundas (ver "El Genograma", pág. 127) y es tarea del Mentoring aventar los fantasmas de la descalificación, que es el motor de la duda disfuncional.

La procrastinación entra y forma parte de esa duda disfuncional. Es un lugar más profundo, es la postergación de la duda. La duda es la eterna pelea entre el yo y el no yo. ¿Quién soy ése yo que finalmente propone o decide?

Ernesto Beibe

Pero en la procrastinación entra un tercer elemento: el que castiga, sea con una multa o con una ley, es quien da el plazo final.

La compañía de teléfono que corta el servicio, la de luz que da el último plazo, el coche que se queda sin combustible en medio de la carretera. Pero todo esto tuvo su anticipación: ¿le pongo o no le pongo combustible? ¿llego o no llego?. Es decir, el eterno jueguito macabro de la duda. Como siempre, gana el tiempo, el que se quedó con la mejor tajada de la vida.

En estas situaciones el Mentor primero busca la forma de comprender junto con su Cliente cuál es la razón y la lógica de estas acciones disfuncionales para luego poder darles un sentido. Ya que estos actos de autoagresión tienen sus beneficios secundarios, la persona cree que algo ganará con estas posturas.

La incertidumbre

"La incertidumbre es una posición incómoda.
Pero la certeza es una posición absurda"

Voltaire

Es común confundir los términos duda e incertidumbre. Por lo general, frente a la duda muchos se paralizan y no pueden avanzar. Frente a la incertidumbre, se puede optar por la inacción, decidir no hacer nada.

Si, por ejemplo, en un restaurante hay un feo aroma eso puede producir la incertidumbre sobre la calidad de la comida y entonces se elegirá entre quedarse y no hacer nada o irse a otro lugar.

> **Frente a la duda, muchos se paralizan y no pueden avanzar. Frente a la incertidumbre, se puede optar por la inacción, decidir no hacer nada.**

La incertidumbre es natural al ser humano, forma parte del eu stress, el buen stress que sirve para sobrevivir. En cambio, la duda es un proceso racional.Frente a cada nacimiento está la inexorabilidad de su muerte, se convive eternamente con la incertidumbre de cuando será el momento en que sucederá.

Pero este sentimiento no es aplicable a la duda. Nadie duda respecto de que se va morir, ni puede dudar acerca de la fecha o circunstancia de este suceso.

La incertidumbre está ligada al concepto de azar, de lo imprevisible. Cuando uno tiene los elementos constitutivos para tomar previsiones deja de estar en la esfera de la incertidumbre

> **Cuando uno tiene los elementos constitutivos para tomar previsiones deja de estar en la esfera de la incertidumbre**

Teniendo un método de medida y conociendo perfectamente los riesgos del devenir, puede elegir entre una cosa y otra, no tiene incertidumbres, tiene, simplemente dudas.

Tener incertidumbre es no contar con parámetros reales. Sólo con inferencias, con corazonadas, con malabares estadísticos. En el proceso de duda, es uno el que decide seguir por un camino o por otro, o paralizarse y no tomar ninguna dirección.

Todo lo contrario es cuando se navega por la incertidumbre, que es cuando no puede manejar las circunstancias futuras, por lo cual necesariamente debe pasar por tiempos de espera hasta tener más datos y entonces poder decidir.

Cuando existen muchas variables, en donde ninguna es segura y todas son seguras al mismo tiempo, no se logra tener certezas, paradójicamente el tener tantas opciones de decisión pueden dar como resultado decisiones pobres e incluso elecciones erróneas.

Lo disfuncional se da cuando durante el período de espera a tener más datos para tomar decisiones, ataca la impaciencia y se torna en angustia.

> **Lo disfuncional se da cuando durante el período de espera a tener más datos para tomar decisiones, ataca la impaciencia y se torna en angustia.**

Para que esto no ocurra el Cliente debe entender la importancia de tener tolerancia a la frustración, capacidad de espera y paciencia.

"Siento que no puedo manejar mi incertidumbre, no lo soporto". Eso siente cuando comienza a atacarle su enemigo interno. Un enemigo desvalorizante que no comprende las situaciones externas que exigen moderación y paciencia hasta tener datos fehacientes de la realidad. Simplemente debería adquirir un criterio de realidad, parar a tiempo, esperar a tener más noticias acerca de lo que se anhela, darse cuenta que muchas certezas son sólo proyecciones y pensamientos infantiles, como por ejemplo cuando se dice: "Tengo el pálpito de que a mí me va a ir bien". "Decido al azar si el dólar va a abrir a un precio u al otro, sin esperar que abran los mercados y enterarme con exactitud."

Ahí están los que no soportan, no toleran la frustración de la espera, necesitan creer que tienen certezas, que actúan situaciones peligrosas y que quizás el azar los puede convertir en héroes, en triunfadores, o en fracasos difíciles de remontar.

Estadísticamente, los casos de fracasos por no soportar la ansiedad de la espera de saber más y no postergar la acción es muy alta.

> Muchas personas actúan por impulsos de terminar de una vez con la incertidumbre, porque en sus mentes tienen horror al vacío.

Es frecuente que frente a incertidumbres donde se juegue a blanco o a negro y a ganar o a perder, muchas personas actúan por impulsos de terminar de una vez con la incertidumbre, porque en sus mentes tienen horror al vacío.

Esto ya no es un estado de ansiedad o angustia, sino que es prácticamente una fobia, pero indica que la persona tiene miedos en más áreas de su vida, además de tener complicaciones en otras zonas de su personalidad y su conducta.

Este tipo de ser obnubilado, perdido, ansioso, angustiado, impaciente, fóbico frente a cualquier incertidumbre que se le presente, tendrá las mayores probabilidades de equivocarse una y otra vez en la toma de sus decisiones, perdiendo, no solo dinero sino la fe y la confianza de sus colaboradores y familiares.

Como siempre, hay soluciones, especialmente desde el Mentoring, donde primero se busca la forma de comprender estas acciones disfuncionales de las personas para poder darles un sentido.

El Mentor busca la lógica interna de por qué su Cliente reacciona intempestivamente frente a la incertidumbre con el resultado, en la mayoría de los casos, de una equivocación. Por qué busca el repudio consigo mismo y con sus seres queridos logrando despreciarse y consiguiendo que se lo desprecie.

> **La solución está a la mano y está en percibir y darse cuenta de su impaciencia.**

La solución está a la mano y está en percibir y darse cuenta de su impaciencia. Debe buscar ayuda para elevar su sistema de tolerancia a la frustración, para dejar de sufrir el horroris vacui, y conseguir ser más paciente.

Ser paciente viene del término "paz" y eso es lo que el Mentor busca junto a su Cliente. Que las personas aprendan y gocen de vivir en paz, consigo mismos, con su familia, con sus relaciones cercanas y con su entorno económico, en este caso, con decisiones acertadas en todo sentido.

Crisis en la edad media de la vida

En estos tiempos que cursamos, la medicalización de la economía logró que la vida del hombre se alargara, pero lo más importante es que se alargó el tiempo de sus capacidades y de independencia (ver "Crisis de la mediana edad", pág. 279).

Al circular por el mundo se ven personas longevas con pleno dominio de sus facultades. Una porción considerable de gente que a los noventa años no sólo cuentan con su mente sino con su cuerpo: bailan, hacen deportes, viajan o pasean.

Podemos considerar, entonces, que la edad que va entre los 35 a los 55 años es la que marca la mitad de la vida de una persona.

> Podemos considerar, entonces, que la edad que va entre los 35 a los 55 años es la que marca la mitad de la vida de una persona.

Nadie llega a esa edad sin frustraciones, logros, esfuerzos, crisis varias, expectativas, sueños o planes.

Algunas frustraciones sirven de freno y de aprendizaje, otras no y la mayoría sigue viviendo, trabajando y soñando como si fueran inmortales. Todo puede ser, todo se puede hacer.

No hay límite para los proyectos y las fantasías. Sabemos fehacientemente que cuando alguien nace está destinado a morir algún día. Que todos vamos a tener un fin.

> Es el momento de la toma de consciencia de la realidad de la muerte personal y de su inevitabilidad.

Pero cursando esas edades, en la mitad de la vida, es cuando la persona se dice: "Sé que los otros se mueren pero ahora veo que a mi también me va a tocar".

Es el momento de la toma de consciencia de la realidad de la muerte personal y de su inevitabilidad.

Aunque entre los 35 y 55 años se comienza a vivir más intensamente y de manera más interesante, gracias a lo acumulado de la experiencia, los aprendizajes y la sensación de sabiduría que se acrecienta cada día; cuando comienza la crisis de la edad media se instala una sensación de que no todo lo planificado se va a llevar a cabo.

> Muchos tuvieron un proyecto y lo llevaron a cabo. Pero aunque esa actividad continúa, el proyecto terminó como tal el día que fue puesto en marcha.

Muchos tuvieron un proyecto y lo llevaron a cabo, esta actividad perdura y seguramente les dará valor agregado. Pero aunque esa actividad continúa el proyecto terminó como tal el día que fue puesto en marcha.

Hay muchas personas que han llegado a la culminación de sus proyectos, por ejemplo, un arquitecto que tiene como proyecto recibirse y tener su propio estudio, su proyecto finalizó en el momento de instalarse en ese estudio. Ahora comenzó otro proyecto que es el de hacerse conocer y conseguir trabajos. Pasa el tiempo, el estudio crece y prácticamente funciona con su propia inercia, su propia resiliencia. Esto provoca que el arquitecto comience a deprimirse porque no tiene más proyecto, se le terminó su proyecto, su estudio ya no lo excita, tuvo muchos logros, pero esto no termina de llenarlo.

Pasó muchos momentos de bienestar, pero ¿y ahora?

Está cursando la edad media de la vida, se está dando cuenta de todo lo anterior que he descripto, y se encuentra perdido.

> **Lo que distingue esta crisis de otras, es la impotencia que se siente y la paciencia que se debe desarrollar hasta encontrar el nuevo camino.**

Realmente está en una encrucijada y trata de salir de esa sensación de que se le acaba el mundo.

Está en crisis pero no puede reconocerla porque está aún en el terreno de lo inconsciente.

Lo que distingue esta crisis de otras, es la impotencia que se siente y la paciencia que se debe desarrollar hasta encontrar el nuevo camino.

A partir de este "darse cuenta" se da comienzo a la crisis. Las cosas se le complican porque ese estado de crisis no le permite pensar con calma y tranquilidad y todo se convierte en un espacio de pelea con el medio y con uno mismo.

Entonces comienzan los síntomas del cursar la edad media de la vida: la lucha contra lo que percibe como vejez y el comienzo de una búsqueda compulsiva por lograr una sensación de juventud en donde se le presta especial atención a la apariencia física como el recurso de cubrir la calvicie o de vestirse con ropa de diseño juvenil.

Al no poder darse cuenta que puede buscar otras salidas o actividades que puedan interesarle, excitarle o entusiasmarle, lo más probable es que este individuo reaccione de manera irracional, que tome decisiones impulsivas tales como abandonarse en su trabajo, separarse, alcoholizarse o actuar otros síntomas como ponerse abúlico, tener una profunda sensación de aburrimiento, vivir descontento con las personas o cosas que posee que antes sí lo alegraban y lo comprometían.

> **Al no poder buscar otras salidas o actividades que puedan interesarle, este individuo vivirá con stress y síntomas de ansiedad y depresión.**

Es posible también que comience a asfixiarse y sentirse atado a compromisos familiares o busque una relación emocionante en la vida íntima resintiendo su matrimonio.

Comienza a cuestionarse las decisiones que tomó hace años y va desarrollando un sentimiento de inseguridad mientras duda de su propia identidad y baja su autoestima.

Vivirá con stress y síntomas de ansiedad y depresión.

> **El Mentor lo acompaña en la búsqueda de salidas y la producción de cambios tanto en el modo de trabajar como en la calidad y el contenido de la existencia creativa.**

Estos síntomas externos puede llegar a entristecerlo o deprimirlo y con mucha frecuencia, los más débiles comienzan con adicciones, tal como el abuso de alcohol, drogas o adquisición compulsiva de artículos inusuales.

Hasta la intervención del Mentor.

Cuando esta persona, y los que lo rodean, se dan cuenta de que va a un camino sin retorno acuden al Men-

toring que comienza a operar desde el Genograma (
ver Genograma) y la Identidad Soñada (ver Identidad
Soñada); y lo acompaña en la búsqueda de salidas y
la producción de cambios tanto en el
modo de trabajar como en la calidad
y el contenido de la existencia crea-
tiva.

> El desafío del Mentor, es
> que el Cliente llegue joven
> y viva joven en ese cuerpo
> añoso.

Las personas en la mediana edad ne-
cesitan un proyecto más, una esperanza y un entusiasmo que les haga vivir plenamente su vida.

La segunda parte de la vida puede vivirse con el conocimiento consciente de la muerte final y con la aceptación de ese conocimiento como
una parte del vivir, pero el desafío
del Mentor, es que el Cliente llegue
joven y viva joven en ese cuerpo año-
so. En una palabra, que muera con el
espíritu joven.

> Las crisis son buenas,
> necesarias, bienvenidas.
> Son cambios que llevan a
> nuevos equilibrios, a veces
> incluso mejores que lo vivi-
> do hasta ese momento.

Otros que no han llegado a desarrollar un proyecto ni sienten que han
llegado a una cima sufren porque tienen tanto para
realizar que no les alcanzaría el tiempo de esta vida ni
una próxima.

Estas personas deberán comprender de que no serán
capaces de lograr todo lo que hubiesen deseado, ya
que solamente lograrán una cantidad limitada, y muchos de sus sueños quedarán inacabados o sin llegar
a realizarse, especialmente la gran cantidad de proyectos amasados desde edades tempranas que nunca
podrán llevar a cabo.

Este es un golpe muy fuerte, porque exige renuncias.

En ambos casos, para el que siente que llegó y para el que siente que no alcanzó a resolver sus ilusiones, la crisis no perdona.

Pero a no asustarse porque en muchas páginas de este libro ratifico que las crisis son buenas, necesarias, bienvenidas, porque son cambios que llevan a nuevos equilibrios, a veces incluso mejores que lo vivido hasta ese momento.

Esta crisis específicamente genera insatisfacciones, inseguridades y búsqueda de nuevos o distintos proyectos de vida.

> **Una gran proporción de personas que acuden al Mentor lo hacen con el motivo de resolver situaciones creadas; pero otros, más avisados, piden ayuda para prevenir.**

Aquí es donde hay que volver a comenzar y pensar en un nuevo proyecto pero sin llenarse de fantasías.

Una gran proporción de personas que acuden al Mentor lo hacen con el motivo de resolver situaciones creadas; pero otros, más avisados, piden ayuda para prevenir y para prepararse pues se enteraron por amigos, parientes o hermanos que les llegará inexorablemente el momento de cursar la crisis de la edad media de la vida.

Es un tiempo que necesitan para la reflexión, reevaluación y preparación para cursar la crisis.

Según el tipo de personalidad y de su historia (ver Genograma) las personas sufren una variedad de síntomas y exhiben una gama de comportamientos dispares.

El detonador de la crisis de la mediana edad tiene que ver con dejar de pensar en la muerte como algo que le pasa a otros y comenzar a considerarla como un asunto personal que lo confronta con la propia mortalidad.

Las personas que pasan por crisis de la mediana edad van hacer inevitablemente cambios en su vida.

Si el Mentor trabaja con el inconsciente del Cliente, los cambios no serán tan drásticos y la vida seguirá adelante sin problemas.

> Si el Mentor trabaja con el inconsciente del Cliente, los cambios no serán tan drásticos y la vida seguirá adelante sin problemas.

Sin embargo esta crisis de mediana edad no es fácil de transcurrir para todas las personas. Para algunos puede suponer ser todo un reto y a otros quizás los conduzca a un momento deprimente en donde sienten que comienzan a cursar su última mitad de la vida, viviéndola como algo negativo o sin salida.

Pero cuando interviene el Mentor, la gran mayoría lo ve como un tiempo de crecimiento personal en donde las nuevas experiencias pueden ser muy beneficiosas y gratificantes.

Si la crisis de marras se trata como una transición la experiencia inicial puede ser difícil y confusa pero con el tiempo se convertirá en una experiencia de crecimiento personal y de autorrealización.

> Las nuevas experiencias pueden ser muy beneficiosas y gratificantes.

La claridad con que la persona se plantee esta inexorabilidad del fin de la vida le otorgará una mayor solidez y robustez a su visión de lo que está viviendo actualmente y podrá aceptar y comprender al otro y a sí mismo en sus imperfecciones. Podrá elevar la tolerancia a la frustración frente a sus propios defectos, en su trabajo y en su vida personal.

Hacer frente a una crisis de la mediana edad puede tomar tiempo y energía. Lo importante de la labor del Mentor es que lo guía hacia la comprensión de que es una extraordinaria oportunidad para que el Cliente entre en la siguiente etapa de la vida con una mayor conciencia de quién era, quién es y quién pretende ser.

Crisis del fracaso de una ilusión

Un día me despidieron de la empresa
donde trabajé mis últimos veinte años.
La verdad es que me indemnizaron muy bien.
Tengo el dinero que me quema en las manos.
Pero tengo una duda que no puedo resolver:
¿busco otro lugar en relación de dependencia
o me dedico a armar mi propia empresa?

Esta disyuntiva es muy común, diría que es una constante diaria con la que se encuentra el Mentor entre las múltiples consultas.

Por lo general se da en ex funcionarios de altos cargos de compañías, especialmente aquellos que estuvieron en contacto con empresarios, desde su rol, su función.

Pueden haber sido o ser aún gerentes de bancos, responsables de ventas, vendedores de alto nivel o responsables de las oficinas de compras que negocian diariamente con empresarios.

Es verdad que con esos cargos, de relativo poder, muchas veces se confunden y creen que son los dueños de las empresas que representan. Sin embargo, en realidad dependen de esa empresa que finalmente es la que paga su sueldo y determina su continuidad o el fin de su carrera dentro del sistema.

Tiene un gran nivel de confusión ya que ellos son quienes tuvieron que tratar, discutir, negociar y arribar a acuerdos con otros empresarios que eran libres para tomar decisiones, y, en realidad ellos no tienen esa libertad de concretar porque, naturalmente, tienen que "consultar arriba".

Muchos tienen asumida esta distinción entre un empleado en relación de dependencia y un empresario con autonomía

Muchos tienen asumida esta distinción entre un empleado en relación de dependencia y un empresario con autonomía, pero otros piensan que si estuvieran en la silla de enfrente manejarían las relaciones de compra-venta o las negociaciones con mucha facilidad.

Determinadas circunstancias vitales los hicieron optar por quedarse cómodos con la protección maternal y las rutinas no sobresaltantes que ofrece una empresa, pero llegó el tiempo en donde no hay marcha atrás.

Cuando llega el momento de dejar la empresa, hay quienes lo ven como una oportunidad de completar un sueño que acarician hace tiempo.

Cuando llega el momento de dejar la empresa, sea por el motivo que fuera, hay quienes lo ven como una oportunidad de completar un sueño que acarician hace tiempo.

Pueden tomar el riesgo de ponerse por cuenta propia, es decir convertirse en empresarios, y de optar por la independencia con toda la responsabilidad y las cargas que ello implica. Es el momento donde el riesgo de la eventualidad de ganar o perder, marca la diferencia entre considerarse empresario o no.

> Es el momento donde el riesgo de la eventualidad de ganar o perder marca la diferencia entre considerarse empresario o no.

Estas personas que salen a probarse que sus sueños pueden llegar a materializarse se van a dedicar a aprender, van a buscar ayuda y van a pedir consejos para desarrollarse ya que hasta ahora sólo conocieron la silla confortable de jefe o de empleado jerárquico sin ser conscientes que manejaban un capital ajeno.

Pero una cosa es comenzar una empresa y otra poder sostenerla.

> Hasta la línea de largada tendrá muchas opciones cada cual mejor que la otra, pero ¿qué pasará ante la primera frustración?

Hasta la línea de largada tendrá muchas opciones cada cual mejor que la otra, pero ¿qué pasará ante la primera frustración?

Los planes deben comenzar a pensarse y organizarse antes de tener el dinero que quema en las manos.

Es vital que la disyuntiva de independizarse o de volver a buscar un lugar en una empresa llegue cuanto antes a la consulta del Mentor.

Muchos quieren pero pocos pueden llegar a ser empresarios.

Y los que no pueden pero quieren, pueden llegar a serlo, pero sincerándose realmente con sus posibilidades, sus fuerzas, su posibilidad de mantener la empresa viva más allá de su creación, midiendo su tolerancia a la frustración, y lo más importante, lo fundamental es no contrariar y poder hacer conscientes las lealtades familiares, las creencias y los valores de su familia de origen.

Ser leales a esto último, les va a permitir comenzar y seguir, fundarse y desarrollarse.

Llegar de manera temprana a la consulta del Mentor es vital porque ahorra tiempo, confusión, fracaso y dinero a quien opta por este camino.

> **Lo más importante, lo fundamental es no contrariar y poder hacer conscientes las lealtades familiares, las creencias y los valores de su familia de origen.**

Hay familias donde la seguridad de un sueldo es su estandarte, familias con conciencia obrera, padres, abuelos, tíos que jamás salieron ni se les ocurriría salir de una relación de dependencia.

Por supuesto que esta familia no sólo no los va a entender, sino que no los van a acompañar y siempre va a estar el "¡viste, te lo dije!" frente a cualquier traspié.

Hay quienes llegan a tener un muy buen pasar pero un día se quiebran para no ser más de lo que fue su padre o para no llegar a lugares que para los padres resultaría peligroso.

Ellos fracasarán por lealtad, por amor, y esto es importante tenerlo claro antes de embarcarse en el pedregoso camino de la empresa o del cuentapropismo que es finalmente tan empresa como cualquier empresa.

El Mentor cuenta con una herramienta fundamental que es el Genograma que lo asiste para detectar estas posibles grietas en el más allá de los deseos, para poder determinar si realmente puede acompañar o no al desarrollo de esa esperanza de independizarse. Al detectarla se puede cambiar absolutamente la inexorabilidad de una frustración, de un fracaso o de volver a la relación de dependencia, no por inhabilidad, sino por estas fuerzas internas que pueden ayudar, acompañar pero también boicotear los logros.

También el Genograma ayuda a detectar cuáles son los puntos fuertes dentro de la familia y en dónde están las posibilidades de identificación positiva con algún ancestro (así sea de la tercera generación) que le dé fuerza, le genere entusiasmo cuando las cosas pueden tambalear y lo acompañe al Cliente en su búsqueda de un mejor vivir. (Ver "El Genograma", pág. 127).

¡Cuidado, no se engañe!

Este es un llamado de atención para aquellos que creen que se la "saben todas" porque estuvieron en contacto con empresarios.

Son aquellos que hacen sesudos cálculos financieros y buscan "oportunidades" donde colocar su capital, sin esa sagrada llama que sale desde el interior, del entusiasmo que les generaría el rubro o el lugar que pue-

> Mentor es quien ayudará a discernir, evaluar, priorizar y buscar nuevos caminos. A entender básicamente que uno no es siempre quien cree ser.

dan desear (ver "Lo aparente y lo real", pág. 271).

Si lo pudieran conocer y desarrollar realmente les traería placer el ocuparse.

Hemos visto como años de trabajo traducidos en indemnizaciones se deshacen en las manos con este tipo de elecciones.

Entonces la pregunta ya no es: ¿busco otro lugar en relación de dependencia o me dedico a armar mi empresa?

> **Es necesario contar con una plataforma de certezas para comenzar un nuevo camino y poder sostenerlo.**

Sino que la pregunta se plantearía así: "¿estoy en condiciones, soy inteligente, poseo pensamiento estratégico, tengo tolerancia a la frustración, sé decir que no, sé cuidarme, tengo ambición e integridad, puedo preguntarme sin temor a saber para qué estoy preparado, quién soy, qué quiero, qué puedo?

Las propias limitaciones hacen difícil poder formularse estas preguntas y la intervención del Mentor es quien ayudará a discernir, evaluar, priorizar y buscar nuevos caminos. A entender básicamente que uno no es siempre quien cree ser.

Las respuestas, entonces, a las preguntas anteriores llegarán solas. Es necesario ponerlas sobre la mesa y analizarlas desde todos los ángulos que hemos mencionado para no tener un mar de dudas y poder contar con una plataforma de certezas para comenzar un nuevo camino y poder sostenerlo.

Ernesto Beibe

Fracaso frente al éxito

Los que fracasan frente al triunfo

Se podría pensar que el éxito excluye el fracaso y que una vez que llegamos a esa instancia ya no es posible fracasar. Si entendemos la situación de esta manera, el fracaso sería una barrera o una estación por la que pasamos o una trampa que se presentó y nos quiso atrapar pero que gloriosamente esquivamos.

Esta manera de pensar al fracaso es un error al igual que si creemos que triunfo, éxito y felicidad son sinónimos. Es cierto que eso sería ideal pero está muy lejos de suceder.

Sabemos que en nuestra sociedad perseguir el triunfo es un valor necesario y de supervivencia. Lo mismo sucede respecto del éxito y la felicidad.

> Quien admite tener éxito en determinada área (dinero, poder, reconocimiento social) sabe lo efímero que son esos logros y puede (y debe, por su propio crecimiento) reconocer también las áreas en donde jamás será exitoso.

Pero el camino para lograrlo no es lineal. Por lo general se deben sortear una serie de fracasos para conseguirlo. Quien admite tener éxito en determinada área (dinero, poder, reconocimiento social) sabe lo efímero que son esos logros y puede (y debe, por su propio crecimiento) reconocer también las áreas en donde jamás será exitoso.

Triunfar es otra forma de llegar, otro tipo de éxito. También el camino esta signado por fracasos y éxitos para llegar a una meta de triunfo. Miente aquel que dice que "triunfó en la vida", porque ni los éxitos ni los triunfos son eternos sino que forman parte de determinados aspectos o de momentos en la cambiante vida de cada persona.

> **Pero a la felicidad la tenemos que pensar en una esfera distinta. La felicidad es un estado de la mente más efímero aún.**

Pero a la felicidad la tenemos que pensar en una esfera distinta. La felicidad es un estado de la mente más efímero aún, que cada uno de los otros dos. El éxito y el triunfo son mensurables, la gente puede medirlos y percibirlos, también podemos enunciarlo: quien se considera exitoso o triunfador puede explicarlo y cuantificarlo.

Pero ¿Cómo se explica qué es la felicidad? ¿Qué cosa más íntima, personal, intransferible e invisible es la felicidad? ¿Cómo se transmite ese sentimiento, esa sensación de un deber cumplido?

> **Para llegar a ese estado de felicidad también habrá que pasar por estadios de frustración, éxito y triunfo.**

Para llegar a ese estado de felicidad también habrá que pasar por estadios de frustración, éxito y triunfo. Para lograr caminar con un niño de la mano, tener un orgasmo pleno o llegar a una muy buena negociación comercial o financiera, seguro que la persona debe de haber pasado por momentos fáciles y otros muy difíciles, idas y ve-

Ernesto Beibe

nidas, picos, depresiones y frustraciones.

Focalicémonos en los fracasos - momentos indispensables e ineludibles - que debemos aprender a tolerar y de los que debemos aprender. ¿Qué sería un fracaso?

Fracasa quien tiene un resultado adverso en un negocio o si tiene un proyecto que se malogra y se frustra. Y frustrarse es privarse de lo que esperaba.

En el camino al éxito se sucederán muchos de estos momentos, llámense fracasos, frustraciones, privaciones. Sin embargo, a cada suceso negativo le seguirá un logro, un nuevo hito, hasta llegar a una meta final en

> **Focalicémonos en los fracasos (momentos indispensables e ineludibles) que debemos aprender a tolerar y de los que debemos aprender.**

un proceso que se coronará con un acierto o con un logro. A eso lo llamamos éxito (de exitus, salida) o sea un resultado feliz de un negocio o actuación.

Esta "exitosa salida" sucede en la mayoría de los casos de empresarios, ejecutivos y   profesionales que viven en relativa paz consigo mismo y con el medio.

Pero se debe prestar atención porque también hay un grupo de personas –a las que puede pertenecer usted, su hijo, su hermano o un socio- que cuando llegan a triunfar, a lograr un éxito y comienzan a ser felices, terminan por atacar aquello que tanto les costó conseguir.

Son quienes fracasan frente al éxito, o a los que el éxito los puede llegar a enfermar.

Esta conducta de ataque a los propios logros también la

llamamos fracasar. Pero fracasar más profundamente porque, en este caso, fracasar es también destrozar.

Destrozar es despedazar, destruir, hacer trozos algo, estropear, maltratar, deteriorar, aniquilar, causar gran quebranto moral. Fatigar o producir malestar físico.

En la práctica diaria como Mentor me llegan muchas consultas de este tipo, fracasos inexplicables cuando lo que se esperaba era un gran logro.

> **Esta conducta de ataque a los propios logros también la llamamos fracasar. Pero fracasar más profundamente porque, en este caso, fracasar es también destrozar.**

Muchos también enferman precisamente cuando se les ha cumplido un deseo profundamente fundado y largamente acariciado.

Está claro que estas personas no pueden soportar su felicidad por la relación causal que arman entre el éxito y este tipo de "auto-ataque" o de enfermedad generada.

Esto no es privativo de un logro comercial sino que se da en cualquier orden de la vida, es más, quien no puede soportar estar bien, lo hace extensivo a todos los órdenes de sus relaciones.

En general, las fuerzas que hacen fracasar o enfermar a estas personas a partir del éxito, no tienen que ver con la "mala suerte" sino con arraigados sentimientos de culpabilidad, suelen ser casos de motivaciones múltiples en el que detrás del motivo más superficial se encuentra otro más profundo.

Por ejemplo un ascenso prestigioso puede desencadenar un ataque destructivo, ganar en la lotería puede precipitar la depresión, cumplir determinado deseo puede llevar a la muerte, casarse con una hermosa mujer y tener eyaculación precoz, organizar una buena sociedad y comenzar a pelear con el socio, llegar a negociar un muy buen trato pero luego enfermarse a tal punto de dejar correr los plazos de la firma, dejándolo inconcluso.

Puedo nombrar varios ejemplos puntales como el de un empresario que soñó con la libertad y la posibilidad de tener un barco y después de muchas idas y venidas (fracasos y triunfos) lo logró. El resultado: cada vez que salía de la guardería náutica chocaba con otras embarcaciones fondeadas en el mismo lugar, generando costos extras y el deterioro de las relaciones con sus colegas nautas.

O aquella profesional a la que cada vez que le iba mejor y comenzaba a ser exitosa, de golpe y de la nada empezó a sentir fuertes dolores de cabeza que la inmovilizaban y no le permitían salir a cumplir con sus compromisos. Luego los dolores de cabeza mutaron en dolores de útero (estuvo a un tris de perderlo) con grandes hemorragias y al final llegaron los dolores musculares que la paralizaban para no poder pensar ni actuar.

> **En general, las fuerzas que hacen fracasar o enfermar a estas personas a partir del éxito, no tienen que ver con la "mala suerte" sino con arraigados sentimientos de culpabilidad.**

¿Cuál es el mecanismo que se desencadena en estas situaciones? ¿Por qué al estar tan cerca de la cima, o en la cima misma, de golpe el sujeto comienza a retroceder e incluso se despeña?

Es necesario entender que muchas realizaciones de deseos colocan a la persona en presencia de la muerte.

Por ejemplo, si el individuo gana más dinero que su padre quiere decir que lo superó, que creció más que él y así en cierto modo lo mata. Por lo tanto considera normal estar un poco triste, hace el duelo de ese papá ideal que ganaba más que nadie y que ahora para él no existe más. Y si está triste le va mal.

En otro caso se puede ver que si a la persona le va bien, mejor que a su papá dentro de su profesión, puede llegar a tener miedo que su padre tome venganza tratando de matarle o tratando de que le vaya mal. Entonces prefiere hacerse mal él mismo para evitar males mayores.

Quienes fracasan al triunfar es porque proponen un modo de relación con el deseo y una forma de gozar muy especial. Se imponen una fantasía que, para su persistencia, exige que el deseo largamente acariciado no se cumpla, porque si se llega a cumplir, la persona se queda sin deseo, no puede gozar de lo que obtuvo ni continuar deseándolo. Siente que está condenado.

> Se imponen una fantasía que, para su persistencia, exige que el deseo largamente acariciado no se cumpla, porque si se llega a cumplir, la persona se queda sin deseo.

Si a pesar de haber sido condenado logra acceder al resultado feliz es probable que califique al suceso como banal o que desacredite el mérito de su esfuerzo y rebaje el valor de lo que obtuvo.

Por más que un otro se empeñe en señalarle los logros, compulsivamente repite frases como: "No es para tanto", "No lo veo", "No lo reconozco", "No me reconozco".

¿Cuántas veces usted escuchó que alguien frente a un equívoco se auto-titula con un calificativo insólito, que no aplicaría ni a su peor enemigo?, ¿Cuántas otras veces las exigencias a sí mismo son varias veces superior a las que él demanda al entorno?, ¿Y el auto-reproche por no haber actuado correctamente?, ¿Y los lamentos por un error?

Son claras evidencias de que la persona está buscando un castigo por causas totalmente ignoradas. Quizás por sentimientos inconscientes de culpa, por necesidad de castigo o por compulsión a la repetición. Son facturas que se siente obligado a pagar por mandatos ancestrales de los padres, de la educación, de duelos no elaborados, de violencias no habladas o de secretos familiares (ver "El Genograma", pág. 127).

Es su herencia intangible que se hace presente en cada momento de su vida y que pesa tanto o más que la herencia material. Ser consciente de ella es fundamental si quiere saber hasta qué punto lo condiciona y al mismo tiempo lo crea.

Parálisis frente a los cambios

El Mentor tiene como rol, función y tarea analizar las dificultades de las personas que manejan empresas, así sea su propia " empresa de vivir ", aquella en la que no pueden predecir y acompañar el cambio sin quedar paralizados; en la que toman decisiones apresuradas desde la intuición o el estómago o frente a la aparición de nuevas reglas del juego a las que deben adaptarse o desaparecer.

> Un cambio no se debe dar violentamente porque sería insoportable.

Acompaña a su Cliente en la tolerancia a la frustración que los vaivenes propios de los cambios traerán, pero además el Mentor acompaña en los logros.

Estos logros deben ser frutos de un proceso. Un cambio no se debe dar violentamente porque sería insoportable, sería como pasar del freezer al microondas.

Porque cuando la gente tiene logros, también puede quedar paralizada en algún momento pero esto no será comenzar de nuevo a destrabar situaciones sino ayudar a afirmar los cambios (ver "Fracaso frente al éxito", pág. 55).

Todas las personas viven con sus certidumbres e incertidumbres, sus dudas e inseguridades y especialmente con miedos a cambiar.

Por lo general su propio inconsciente le dice: "¿Para qué vamos a cambiar si nos va bien así?". Pero esto produce una especie de pelea entre los ángeles y los demonios que se instalan en la cabeza del Cliente, por supuesto de manera muy inconsciente.

Los cambios llegan con crisis personales y tal vez empresariales en donde más de uno va a quedar descolocado por no reaccionar a tiempo. Es muy probable que culpe amargamente a la crisis externa por el cambio de las reglas del juego por la sencilla razón de que no puede adaptarse a ellas (ver "Aislarse tiene un límite", pág. 283).

> **Toda crisis llega con la creación de nuevos equilibrios, siempre y cuando la persona pueda tomarlos con plasticidad en vez de elasticidad.**

Toda crisis llega con la creación de nuevos equilibrios, siempre y cuando la persona pueda tomarlos con plasticidad en vez de elasticidad.

La persona elástica, como cualquier elástico de la vida real, se estira y se adapta a ciertas superficies, pero, en el caso de las personas es complicado, porque tal como el elástico, tiene memoria y vuelve a su estado inicial.

Por el contrario, las personas plásticas, como la arcilla o la famosa plastilina del jardín de infantes (muchos adultos tendrían que seguir jugando y aprender cómo convertirse en plásticos), se adaptarán y no volverán a su estado original.

Son las que jamás dirán: antes estábamos mejor. Sino que la frase será "hoy estamos mejor que ayer y peor que mañana". Porque lo que cuenta es el presente y el poder de adaptación.

Ernesto Beibe

El ejemplo de ello es que la venta del comerciante no se hace en el bolsillo del cliente sino que se resuelve mucho antes en su cabeza. Pero si el vendedor no pone también en su cabeza la venta no llegará ni a la cabeza ni al bolsillo de su cliente.

Esto sucede porque hay macro acontecimientos económicos que influyen en la vida diaria de los empresarios y en este fenómeno también están incluidos, por supuesto, los intermediarios de la cadena que se arma entre los productores y el resto de los eslabones que le dan forma. Esto sucede en todos los sectores productivos, profesionales o de servicios.

Cuando en la cadena entran nuevas reglas de juego los eslabones deben adaptarse y si no son capaces de hacerlo desaparecerán.

> **El Mentor tiene como tarea guiar al empresario hacia la anticipación y la prevención para no tener que apagar incendios de hechos consumados.**

Ése fue el destino de los dinosaurios, que al no poder adaptarse se extinguieron.

No es rol del Mentor dar consejos de cómo afrontar estos cambios ya que para ello hay suficientes consultores de toda talla y color.

El Mentor tiene como función analizar las dificultades de las personas que manejan las empresas.

Para el empresario que está ocupado en sus actividades propias y cotidianas, es difícil comprender con exactitud cómo nacen estos cambios, y por consiguiente, adaptarse y mediar entre estas nuevas formulas dictadas por los proveedores y los clientes. Cambios que influirán directamente en su empresa y en el comportamiento de la clientela.

Si bien se afirma que la información es poder, en nuestro caso, la información acerca de la nueva tendencia es la que da ese poder. ¡El poder es lograr cambiar a tiempo!

El Mentor tiene como tarea guiar al empresario hacia la anticipación y la prevención para no tener que apagar incendios de hechos consumados. En definitiva, esto permite que no se desperdicien oportunidades, una de las características de un empresario que se tilda de exitoso. Pero este empresario exitoso es una persona que porta con sus certidumbres, sus dudas e inseguridades. Sufre crisis personales y tal vez empresariales donde más de uno podrá quedar desequilibrado por no haber podido reaccionar a tiempo.

> Lo importante es pararse en la realidad, no mentirse ni buscar soluciones mágicas.

Es muy probable que culpe amargamente a la crisis desatada por el cambio de las reglas del juego y esto le pasa por la sencilla razón de que no puede adaptarse a ellas.

No es necesario pensar "positivamente" tal como sostienen absurdamente los vendedores de ilusiones, sino que lo importante es que piensen correctamente.

Pensar correctamente es hacerlo a partir de adentro hacia afuera. Utilizar todos los datos que uno posee y no buscar "cómo tomar las cosas positivamente" ya que eso es una consecuencia y no una conducta.

Lo importante es pararse en la realidad, no mentirse ni buscar soluciones mágicas.

Saber primero cuál es el negocio propio como lo hacen quienes encuentran las nuevas normas, así como también tener la capacidad de poder utilizar tanto el pensamiento directo como el pensamiento lateral. Se deben aprovechar las grietas que dejará este nuevo orden pero sin arremeter como un toro salvaje, como si en esto se fuera la vida. Haga números: ¿cuánto le terminará costando una crisis familiar o una enfermedad derivada del stress y la necesidad compulsiva del éxito?

Lo importante es saber dónde está parado el empresario en la vida, cuál es su trayectoria personal, cuánto es su interés actual por la empresa y cuáles son las posibilidades que le deparará este desafío de cambio.

Para así poder actuar sin abandonar a su familia y sin vivir con angustias e inseguridades paralizantes.

> **Lo importante es estar en condiciones para que las dudas lógicas de salir adelante con nuevas soluciones no lo detengan, puesto que a veces es necesario contar más con creatividad e ingenio que con capital.**

Lo importante es estar en condiciones para que las dudas lógicas de salir adelante con nuevas soluciones no lo detengan, puesto que a veces es necesario contar más con creatividad e ingenio que con capital. No hay nada más costoso que la duda para la persona misma y para su empresa.

Un ejemplo reciente es la llegada de Internet, que cambió en muy poco tiempo todo el sistema de comercialización, borró el secreto de quienes son los proveedores y todo el mundo puede comprar a la fabrica directamente. Las listas de precios están a disposición de todos, desde un mercero de barrio a un usuario de autopartes.

Este fue un cambio dramático para distribuidores, mayoristas y retailers que de pronto tuvieron que reciclarse frente al fenómeno mundial de la globalización.

> **Es muy importante discernir entre frustración y fracaso.**

Quienes no pudieron adaptarse, se cayeron y quebraron. En la actualidad, el valor agregado para que una empresa subsista no es la mercadería o los precios sino el servicio al cliente. Internet hizo que la gente sea más cordial y otorgue mejores servicios a sus clientes y sus proveedores. ¡Qué bella paradoja!

Hasta ahora hablamos de fracasos y de cierres por falta de adaptación al cambio.

Pero fracaso es una palabra muy dura. El fracasado tendrá una vida amarga y esta sensación lo paralizara y tal vez pase mucho tiempo hasta que se reponga.

Esto se debe porque se está jugando sobre todo el sistema de auto afirmación y de ataque a sí mismo.

> **Alguien puede frustrarse si algún camino que tomó no fue el adecuado y debe retroceder**

Por eso, el Mentor insiste y puntualiza que es muy importante discernir entre frustración y fracaso.

Alguien puede frustrarse si algún camino que tomó no fue el adecuado y debe retroceder, entonces podrá responsabilizarse por su decisión al tomar otro en forma eficaz y eficiente.

Pero si ante cualquier traspié, que es totalmente natural en el comercio ya que nadie tiene comprado el éxito, siente que fracasó será muy difícil de volver. La sensación de fracaso es muy difícil de deshacer y dejará a la persona fuera de juego.

No porque se hayan terminado las posibilidades sino porque le resultará difícil verlas y reaccionar a tiempo.

Entonces estaríamos frente a alguien que no puede aprender.

Necesitará que lo eduquen.

La palabra "educare", (del latín) significa formar o instruir y es el trabajo del Mentor crear en donde no hay. Es su rol poder inducir a cambiar hábitos y a enseñar a mantener las nuevas conductas para que el Cliente pueda realizarse como persona, como comerciante o como empresario que no buscará perseguir al éxito.

La sensación de fracaso es muy difícil de deshacer y dejará a la persona fuera de juego.

Acompañado del Mentor aprenderá a no tener miedo, sino tomar precauciones (que no es lo mismo) y a entender que todo cambio lleva un proceso que no se puede acelerar. De esa manera y serenamente el éxito vendrá hacia él.

Procrastinación:
el arte de postergar

A veces estamos tan pero tan ocupados, que nos resulta inevitable demorarnos en realizar algo que nos hemos propuesto. Por lo general, no nos angustiamos por esto porque son cosas que posponemos para otro momento con plena conciencia de que ya las llevaremos a cabo.

> **El postergar prioridades sólo crea angustia, tanto en el plano personal como en los desórdenes de gestión y administración en la esfera de la empresa.**

Sin embargo, hay momentos en los que uno posterga cosas y con ello se generan dificultades. La razón de la llegada de esas molestias es porque lo que postergamos son cosas prioritarias y el postergar prioridades sólo crea angustia, tanto en el plano personal como en los desórdenes de gestión y administración en la esfera de la empresa.

Voy a referirme a diversos motivos por los cuales uno puede ejercer la procrastinación, que es una forma de posponer. Esta postergación forma parte de una estrategia que "protege" y evita al Cliente enfrentarse a ciertos miedos y ansiedades difíciles de controlar: el miedo al fracaso o al éxito, el miedo a ser controlado, el miedo a separarse demasiado de otras personas, el miedo a unirse afectivamente a otras.

Al analizar la situación, pensando en aquellas personas a las que les gusta tomarse la vida con calma, el resultado será que a ellas les podrá llevar mucho tiempo realizar algo pero no están apuradas por lograrlo, a pesar de que pueden trabajar arduamente preocupándose por ellos y sus personas a cargo, no se encuentran particularmente impelidos o presionados. Posponen asuntos y no les importa hacerlo.

A veces, la gente deliberadamente decide postergar. Se puede decidir aplazar algo porque eso no se encuentra entre las mayores urgencias o porque se desea meditar acerca de determinadas cosas antes de tomar una decisión o una acción. Usan la postergación para tener un tiempo de reflexión, de esclarecer opiniones o para ayudarse a concentrarse en lo que les parece más importante.

> **Se puede decidir aplazar algo porque eso no se encuentra entre las mayores urgencias o porque se desea meditar acerca de determinadas cosas antes de tomar una decisión.**

Su demora es un aliado y por eso actúan mejor. Para ellos la postergación no representa problema alguno.

Sin embargo, existen formas en las cuales la postergación puede ser conflictiva.

En primer lugar, demorar asuntos puede llevar a consecuencias externas, algunas inocuas como una multa en el video club por devolver una película fuera de término y otras más severas como perder clientes o arriesgar un matrimonio.

> **Sin embargo, existen formas en las cuales la postergación puede ser conflictiva.**

En segundo lugar, los postergadores suelen sufrir consecuencias internas en donde afloran sentimientos que van desde una ligera irritación o arrepentimiento hasta una profunda auto condena y desprecio.

Hay personas que postergan y se consuelan creyendo que su capacidad es mayor de lo que su desempeño indica, e inclusive, se permiten conservar la creencia de que son brillantes y que su potencia para hacer las cosas bien (en el tiempo que ellos

> **Mientras "se ocupan" de postergar sus asuntos, nunca afrontan los verdaderos límites de su capacidad.**

consideren necesario) no tiene límites. Pero lo cierto es que mientras "se ocupan" de postergar sus asuntos nunca afrontan los verdaderos límites de su capacidad. De esta manera inhiben su propio progreso porque se sienten culpables al competir con otros y ganar.

Lograr un éxito mayor a nivel profesional, económico o personal que el de sus parientes, amigos o colegas pueden causarles un sentimiento de culpa tan grande que utilizan la postergación para ponerle freno al éxito. Es como si sintieran que deberían castigarse por estar entre los que tienen en lugar de los que no tienen. En algunos casos, el propio deseo de ir hacia adelante puede producir en

> **Se sienten culpables al competir con otros y ganar. Es como si sintieran que deberían castigarse por estar entre los que tienen en lugar de los que no tienen.**

ellos un sentimiento de culpa. Desafortunadamente la culpa que la mayoría de los postergadores siente es demasiado desproporcionada con respecto a sus "delitos", cuando en realidad no hay siquiera "delito" de que hablar, salvo el de no querer realizarse como persona y tener vida propia.

Son individuos cuyo hábito de postergar ha tenido consecuencias significativas para ellos.

Para un observador externo, muchos de ellos aparentan hacer las cosas bien. Inclusive, pueden ser considerablemente exitosos, como el abogado que dirige su propia empresa, o la mujer que puede controlar cinco chicos y tener un trabajo todo el día. Pero por dentro se sienten desdichados.

Se sienten frustrados y enojados consigo mismos porque su postergación, que posiblemente sea un secreto bien guardado, les ha impedido hacer todo lo que ellos creen que son capaces de hacer. En consecuencia, aunque parece que hacen las cosas bien, sufren.

Otras personas postergan porque quieren sentir que tienen el control sobre las cosas. Están orgullosos de su independencia y decididos a no comprometerse, hay también quienes postergan para probar que nadie es capaz de obligarlo a actuar contra su voluntad. Su hábito de postergar actúa como una forma de decir "¡No! ¡No pueden hacerme hacer esto!".

La postergación se convierte así en una estrategia para librar una batalla contra alguien, una batalla por lograr el control, el poder, el respeto, la independencia y la autonomía.

> Cuando estas personas se preocupan por no poder evaluarse, generalmente es porque existe otro miedo detrás, ellos temen no ser queribles.

Pero siempre en esa oscuridad está la posibilidad y el miedo de perder, porque librar una batalla defendiéndose a sí mismo por la vía de la postergación puede darse de una forma tan automática, que incluso hay veces donde el individuo puede no darse cuenta de estar haciéndolo.

Quienes utilizan el arte de la procrastinación tampoco consideran cómo esto afecta a otras personas: ¿Se irritan ante la lentitud? ¿Se sienten frustrados por las excusas? ¿Enojados porque no hizo lo que prometió hacer? ¿Dejan de intentar influenciarlo y finalmente le permiten hacer las cosas a su modo?

Sin darse cuenta, estos individuos usan la postergación para hacer valer su independencia ante los demás. Pueden ser más luchadores de lo que imaginaban y su postergación puede darles una sensación de control mucho más grande de lo que suponían.

> Mientras postergan sus asuntos nunca deberán confrontar los verdaderos límites de la capacidad propia, cualesquiera que ellos sean.

Resulta más tolerable para algunos postergardores culparse a sí mismos por ser desorganizados, perezosos, o no cooperadores, que considerarse insuficientes e indignos debido al fracaso que tanto temen. El miedo a este fracaso lo alivian mediante el aplazamiento.

Aquellos que se preocupan porque los demás los juzguen insuficientes o indignos, generalmente temen que la insuficiencia sea una característica suya. Temen mirarse con sinceridad y descubrir que son tan buenos como esperaban o tan malos como sospechaban. Cuando estas personas se preocupan por no poder evaluarse, generalmente es porque existe otro miedo detrás, ellos temen no ser queribles.

Asimismo hay quienes se preguntan: "Si no hago las cosas bien, ¿quién me querrá? ¿Quién podría amarme si no tengo nada que ofrecer?".

Este tipo de persona cree que su capacidad, reflejada por su desempeño en distintas tareas, determinará si merece que lo amen o no.

Si no puede desempeñarse en forma adecuada, siente que es una persona de poco valor y que los demás lo rechazarán. Por lo tanto, las consecuencias de no evaluarse pueden resultar mucho más serias que el mero "fracaso" en lo que respecta a su capacidad, porque le significa fracasar como persona.

La procrastinación permite a la gente consolarse creyendo que su capacidad es mayor de lo que su desempeño indica, e inclusive, tal vez les permita conservar la creencia de que son brillantes o su potencial para hacer las cosas bien no tiene límites. Mientras postergan sus asuntos nunca deberán confrontar los verdaderos límites de la capacidad propia, cualesquiera que ellos sean.

Puesto que los errores y las fallas son una parte inevitable de la condición humana, aquellos que creen que "la mediocridad genera desprecio" pueden encontrar consuelo en la postergación.

Por lo general, cuando un desempeño mediocre o común puede atribuirse al apuro de último momento, la persona puede seguir creyendo que todavía tiene un gran "potencial" que extraer. Esto le permite a un perfeccionista con poca autoestima mantener un poco de auto respeto a pesar de un desempeño común. La postergación proporciona una excusa para la mediocridad, hace que la mediocridad parezca temporaria.

Este tipo de individuos tienen una política y una manera ordenada de obrar, al conjunto de estas acciones las he denominado *El Código del Postergador*, cuenta con doce máximas:

1. Debo ser perfecto.

Ernesto Beibe

2. Todo lo que haga debe resultar fácil y no acarrear esfuerzo alguno.

3. Es más seguro no hacer nada que asumir un riesgo y fracasar.

4. No debería tener limitaciones.

5. Si las cosas no se hacen bien, no vale la pena siquiera hacerlas.

6. Debo evitar desafíos.

7. Si tengo éxito, alguien resultará lastimado.

8. Si lo hago bien esta vez, siempre lo deberé hacer bien.

9. El cumplir las normas de otra persona significa rendirse y no tener autocontrol.

10. No puedo arriesgarme a soltar algo o alguien.

11. Si me muestro tal cual soy, no voy a gustarle a la gente.

12. Hay una respuesta correcta y esperaré hasta encontrarla

La expectativa de poder comprender todo en forma inmediata, sin importar el grado de complejidad del asunto, conduce a muchos postergadores a una inmovilización demoledora. Esto les sucede si la decepción al tener que trabajar arduamente les impide hacer el esfuerzo requerido para aferrarse al asunto y dominarlo. En lugar de ello, evitan el problema postergán-

> Llevan las cosas hasta tal extremo que a veces su vida y su bienestar corren peligro.

dolo. A la larga, su necesidad de ser inteligentes los vuelve ignorantes. Después de todo si no pueden soportar no conocer, no pueden aprender.

Algunos procrastinadores sienten un estremecimiento y una sensación de riesgo cuando postergan algo hasta el último momento posible. Llevan las cosas hasta tal extremo que a veces su vida y su bienestar corren peligro. ¿Cuántas demoras tolerará su jefe antes de despedirlo? ¿Cuánto tiempo puede demorarse en un trabajo para un cliente antes de que le inicien juicio o lo excluyan de la profesión? ¿Cuánto tolerará su esposa antes de enfurecerse con él?

Al final, cuando parece no haber posibilidad de escape, los postergadores actúan. Si tienen suerte, sobreviven gozosos y triunfantes.

Finalmente, eficacia es hacer correctamente las cosas, pero eficiencia es hacer las cosas correctamente en el tiempo adecuado. Esta diferencia es justamente la que el postergador, mientras posterga, parece no comprender.

> Eficacia es hacer correctamente las cosas, pero eficiencia es hacer las cosas correctamente en el tiempo adecuado. Esta diferencia es justamente la que el postergador, mientras posterga, parece no comprender.

Un primer paso para salir adelante es revisar esta actitud. Los siguientes pasos son lentos porque la postergación es un modo de actuar, una conducta, y el desmontarla exige paciencia junto con un examen continuo cada vez que se deja algo para después: ¿Lo hago porque no es prioridad, porque no tengo tiempo o porque me da temor hacerlo y equivocarme?

Hacerse esta pregunta, poder hacerse la pregunta, es

el segundo paso. Ser capaz de hacérsela y responderla cada vez es el tercero y el más largo pero es el indispensable.

El Mentor ayuda a su Cliente a entender y a tener esa constancia, porque de eso depende que un postergador deje de serlo.

Apatía
y desmotivación

La apatía y la desmotivación son estados muy frecuentes en quienes acuden a ver al Mentor. Sólo con listar los sinónimos de estos conceptos se puede entender la cantidad de personas que sienten alguna de estas sensaciones: desinterés, inactividad, indolencia, negligencia, poltronería, abandono, acidia, descuido, desgano, desidia, abulia, dejadez, estupor, aburrimiento, inacción, indiferencia, pasividad, tedio, atonía, inmovilidad, marasmo, paralización y la lista continúa.

Estas características están presentes en cualquier persona que va perdiendo la confianza y el interés en sus propias posibilidades.

Estas características están presentes en cualquier persona que va perdiendo la confianza y el interés en sus propias posibilidades, luego las pierde en sus proyectos y el resultado es el consiguiente sufrimiento con la falta de ganas de vivir.

Si lo trasladamos al ámbito laboral de una empresa muchos de los empleados pueden sentirse de esta manera. La consecuencia será la pérdida de muchas horas productivas y quizá hasta dejar abajo la moral de sus compañeros de trabajo.

Es por eso que el Mentor debe ser cauto y observar detenidamente estos comportamientos disfuncionales y discernirá entre las personas realmente afectadas. Poder dilucidar en la empresa los vagos de los holgazanes y perezosos que los hay en todas las empresas así como también en las familias.

Al discriminar éstos estados de ánimo se podrá ver si es de alguien que ha sufrido una pérdida o un shock anímico, donde estos síntomas son normales y decimos que este bajón pasará o pertenece a una persona que porta estructuralmente esta forma gris-oscuro de ver la vida.

> **Hay que diferenciar bajón y estado de tristeza para distinguir y detectar a aquellos que viven en un estado de abulia: los que padecen de la llamada impotencia adquirida.**

Hay que diferenciar bajón y estado de tristeza para distinguir y detectar a aquellos que viven en un estado de abulia, es decir, los que padecen de la llamada impotencia adquirida.

Los adultos que ostentan este estado de desinterés, desmotivación estructural y desapasionamiento no llegaron por generación espontánea. La apatía y la desmotivación se aprenden.

> **La apatía y la desmotivación se aprenden.**

Un niño de hasta cinco años no presenta estos estados de estupor, salvo, claro que tengan una patología. Si hay un niño deslegitimado, un niño permanentemente despreciado, corregido, invalidado, sobre-exigido, no tomado en cuenta, al cual le cortaron sus sueños y sus alas de imaginación. Ese niño ha aprendido que nada de lo que hacía era suficiente, burlado por su padre o madre y con promesas permanentemente frustradas, llega a la adolescencia y a la adultez como un árbol yermo.

Para subsistir dependerá íntegramente de la opinión de los demás, de las órdenes que pueda buscar y recibir para resolver sus tareas en forma mediocre, pero jamás tendrá la libertad interna para sentir que puede crear cosas nuevas y conducir su vida en un espacio de dignidad y libertad.

La autovaloración de estas personas cautivas de su pasado esclavo no existe, además, no son capaces de generar energía propia y lo peor es que se sienten impotentes y faltos de recursos porque no entienden ni saben dónde procurárselos.

En suma, no viven sino que sobreviven como parásitos de otros. Parasitan tiempo, energía, fagocitan proyectos y su negatividad permanente erosiona las ideas y el entusiasmo de otros. Este tipo de personas son capaces de desarmar un grupo de trabajo, destruir un matrimonio y envenenar sus relaciones sociales.

Su beneficio secundario es que no tienen que responsabilizarse nunca de sus actos. Se escudan en el no puedo, pero la realidad es que efectivamente no pueden.

> Su beneficio secundario es que no tienen que responsabilizarse nunca de sus actos. Se escudan en el no puedo, pero la realidad es que efectivamente no pueden.

Viven un infierno al cual tal vez nunca hubieran llegado sin la "ayudita" de sus padres. En su angustia existencial por salir de la trampa es frecuente que estas personas desmotivadas caigan en manos de falsos profetas, libros de autoayuda, conferencias con mágicas promesas, ciclos irresponsables que prometen salidas a corto plazo a un problema que se conformó a través de toda una vida.

Al tomar en cuenta estas opciones cuasi mágicas lo único que se logra es justificarse y auto engañarse con lo cual se fija y se agrava el síntoma.

En estos casos el Mentor entiende que a su Cliente le será imposible salir de este estado de desidia si la persona sólo busca justificación para seguir en este estado de parálisis y disfuncionalidad crónica.

El Mentor debe orientarlo y alejar a esos falsos profetas para darle una perspectiva de salida, pero con tiempo, energía y espacio.

El síndrome del burn-out

Cabezas y corazones quemados

Usted, un familiar suyo, o quizás algún empleado jerárquico puede sentirse cansado y con desgaste emocional, falta de vitalidad o pérdida de energía. Los signos que hacen visible este estado son inequívocos: agresividad, impaciencia, cierto tono de cinismo, suspicacia e intolerancia.

Por supuesto el que atraviesa ese estado rara vez percibe estas señales sino que son las personas de su entorno quienes lo notan y lo padecen.

No obstante hay síntomas que la víctima de ese estado sí reconoce, como la pérdida del sentimiento de competencia e idoneidad, la desmotivación, la disminución de la autoestima laboral, la deserción y el abandono de tareas.

Burn-out (agotarse, quemarse) es un flagelo actual que causa limitaciones importantes en las potencialidades e impacta en la riqueza personal afectando el manejo de la economía, las relaciones, la empresa y la vida misma.

Hasta aquí detallé sólo lo emocional.

Respecto de los trastornos físicos, los síntomas que se presentan son diversos, tales como episodios cardio-circulatorios, accidentes cerebrales, insomnio, hipertensión arterial, cefaleas y problemas en las articulaciones y los músculos.

En los peores casos el sujeto sufre depresión, tendencia al suicidio, alcoholismo u otra clase de adicciones.

En general, a este cuadro sintomático en la actualidad se lo conoce con el nombre de burn-out (agotarse, quemarse). Es un flagelo actual que causa limitaciones importantes en las potencialidades e impacta en la riqueza personal afectando el manejo de la economía, las relaciones, la empresa y en definitiva, la vida misma.

Entre los aviadores, la expresión burn-out hace referencia a que "se quemó un motor en medio de un vuelo". Para quienes corren carreras automovilísticas significa acelerar a fondo desde velocidad cero, salir arando y quemar los neumáticos.

Factores como la carga horaria, la fuerte competencia, las exigencias propias del mercado y el estrés laboral superan la capacidad física y psíquica, por lo tanto la persona se vuelve un blanco ideal para el "síndrome del burn-out".

Podemos entonces asociar que la cabeza pensante del líder o de quien ejerce la máxima jerarquía de la empresa "se quema" como el caucho o como un motor en vuelo.

Si nos interrogamos acerca de los motivos que hicieron que esta antigua - y a la vez nueva- dolencia se haya vuelto más notoria en los últimos tiempos, concluimos que el vivir en tiempos difíciles tiene una incidencia decisiva a nivel familiar y laboral.

Se atraviesan momentos de extrema tensión y desplazamiento en donde es difícil detenerse a pensar o a descansar.

Ernesto Beibe

En las empresas, esto se visualiza con frecuencia en los puestos de mayor jerarquía porque los directivos de alto nivel quedan presos en una red de presiones y urgencias (reales o auto-generadas).

Factores como la carga horaria, la fuerte competencia, las exigencias propias del mercado y el estrés laboral superan la capacidad física y psíquica, por lo tanto la persona se vuelve un blanco ideal para el "síndrome del burn- out".

Cuando el Mentor comienza el contacto con esta clase de individuo, intenta bucear en las causas que lo llevan a ser tan susceptible y a desestabilizarse por las fuerzas externas arriba enumeradas.

> Por lo general, en muchos casos se descubren motivos familiares causantes de la falta de alerta y de reflejos con su posterior estado de indefensión frente a este síndrome.

Por lo general en muchos casos se descubren motivos familiares causantes de la falta de alerta y de reflejos con su posterior estado de indefensión frente a este síndrome. Se trata de resabios de viejas historias, de situaciones no elaboradas, de fracasos y duelos, de secretos y ocultamientos, que inciden desfavorablemente en el éxito y buen vivir de la persona que los lleva consigo (ver "Cortar la dependencia", pág. 305).

El sujeto mantiene lealtades invisibles a su familia de origen y cuando no comprende conscientemente las reglas del juego repite una y otra vez las historias de fracasos y malestares (ver "El Genograma", pág. 127).

En muchos casos, se presenta el conflicto en aquellos que tienen progenitores que pertenecen al sector más desfavorecido de la población. Estos individuos son por lo general empresarios o ejecutivos que han ascendido socialmente comparado con sus padres que son o fueron trabajadores, campesinos u obreros.

No es inusual que este tipo de sujeto vea en sus subordinados a sus seres queridos que fueron o son menospreciados y dominados.

> **En muchos casos, se presenta el conflicto en aquellos que tienen progenitores que pertenecen al sector más desfavorecido de la población. Estos individuos son por lo general empresarios o ejecutivos que han ascendido socialmente comparado con sus padres que son o fueron trabajadores, campesinos u obreros.**

Su infancia estuvo afectada por aquellas quejas contra la patronal y las reivindicaciones para con su clase marginada, por lo tanto cuando esta persona se convierte en empresario o ejecutivo, experimenta una gran contradicción porque inconscientemente siente que ocupa el rol del agresor de sus padres.

Éste suele ser el punto en el que se desata el conflicto y es allí donde hay que intervenir de la misma manera que se interviene con las personas bipolares. El enfoque del Mentor difiere en una y otra patología, pero en ambas trata de sacar al empresario o al ejecutivo del mundo de la empresa (que parece ser el causante del problema) y ayudarlo a revisar sus sentimientos más íntimos. Recién entonces, tras un proceso de mediano plazo, se puede volver a pensar en el trabajo, en ese lugar donde la crisis se desató aunque su origen sea remoto.

Ernesto Beibe

Ofensas
y maltratos

Los ofendidos y maltratados van girando por este mundo. Están tan ofuscados que a veces la vida se les convierte en una carga agria difícil de sostener.

El ofendido tiene su contraparte: el que ofende.

Muchas veces el que ofende ni se da cuenta que lo está haciendo, porque la ofensa, justamente vive en el campo del ofendido.

> Para que una persona se ofenda, es decir, se sienta ofendida, tiene necesariamente que sentirse humillada frente al otro, el que tiene el poder que le ha sido conferido por el humillado, el ofendido.

Tenemos que diferenciar entre lo que es una ofensa de un ataque de una persona hacia otra. Ataques hay y muchos, son los que provocan heridas a sabiendas porque agresivos y violentos hay muchos caminando por nuestro mundo diario.

Pero al ofendido se le plantea otro tipo de problema, es un problema del tipo relacional. El ofendido goza del privilegio de no tener un solo ofensor, sino que incluso muchas situaciones terminan ofendiéndole, como si el mundo se moviera contra él.

Para que una persona se ofenda, es decir, se sienta ofendida, tiene necesariamente que sentirse humillada frente al otro, el que tiene el poder que le ha sido conferido por el humillado, el ofendido.

> No hay personas ofendidas, hay personas que se ofenden fácilmente.

Para la víctima, tiene que ser alguien a quien él le ha otorgado la prerrogativa de poder estar en un lugar, donde su palabra cotice frente a él que es quien recibe el agravio.

No hay personas ofendidas, hay personas que se ofenden fácilmente, ofendidizas, es decir, con un campo fértil para la humillación.

Son personas acostumbradas a ser los primeros que se atacan a sí mismos. Atacan una y otra vez a los pilares de su propia estima.

Sus características:

1. La ofensa tiene raíz en la vergüenza, alguien que cree que se encontró descubierto haciendo algo que cree indebido.

2. Por lo general eso que cree "algo indebido" tiene raíces muy fuertes en las creencias y la cultura del personaje ofendidizo.

3. Alguien que se avergüenza frente a un comentario de algún otro es porque legitima a quien lo ofende. Es una relación asimétrica.

Quienes padecen de estas molestias en la comunicación son personas que están en guardia permanente, y estas defensas lo llevan a ofenderse con las acciones o las palabras dichas por otro. Siempre, insisto, hay otro, porque la ofensa por sí misma no existe más que como una acción perteneciente al terreno de lo relacional.

Ernesto Beibe

La ofensa es visceral, a veces no tiene lógica, y los supuestos ataques se convierten en ofensas. Cuando se generan verdaderas tormentas afectivas y brota la impotencia por generar una respuesta inmediata, esta energía o "mala sangre" se convierte en un fuerte deseo de venganza. El ofendido va a buscar un ajuste con fantasías desproporcionadas pero que tienen la misma intensidad del sentimiento de parálisis que sufre. Tiene "sed de venganza". Necesita que lo indemnicen, lo tranquilicen, le pidan perdón, lo llenen de disculpas. Porque es la sensación de impotencia, miedo y vergüenza la que promueve esta parálisis y evita el enfrentamiento. Es ahí donde cree que puede disolver este cuadro con "disculpas" Sin embargo, ¿cuántas veces hemos oído lo de "disculpo, te perdono, pero no olvido"

> La ofensa es visceral, a veces no tiene lógica, y los supuestos ataques se convierten en ofensas.

> El ofendido va a buscar un ajuste con fantasías desproporcionadas pero que tienen la misma intensidad del sentimiento de parálisis que sufre.

El ofendido vive disculpando:

1. El ofendido se pasa la vida disculpando, o peor, se aplaca a sí mismo y aplaca al otro para que no vuelva a atacarlo.

2. Si el ofendido pudiese defenderse de lo que considera un ataque, pues no existiría tal ofensa, sería una riña, una discusión, una desinteligencia, un conflicto, pero no una ofensa.

3. Si frente al stress, el peligro con la consiguiente descarga de adrenalina que le significa este ataque, real o imaginario, el individuo ofendido pudiese responder

quedaría aliviado.

4. Si esta inhibido de "devolver" (como un padre le diría a un niño: ¿le devolviste el golpe"?), queda con la afrenta fijada y crea un círculo donde el recuerdo y la evocación de este suceso vuelve a convocarlo al mismo efecto: la ofensa.

5. Una afrenta devuelta, aunque sea solo de palabra, se recuerda de otro modo que una que se debió tolerar con mortificación.

El trauma se acrecienta si no puede devolver lo que siente como ataque u agresión y pierde una vez más su dignidad al volver al círculo vicioso de sentirse inferior frente a su interlocutor.

¿Dónde operar en este universo de sufrimientos? ¿Cómo se lo atempera?

Cómo puede cambiar este "ser agredido" para ser alguien que camine por la vida pudiendo discernir qué es un ataque, una burla, una broma, una reconvención, una corrección, un desentendimiento, una falla en la comunicación, a la que pueda responder, corregir, replicar, enojarse o compartir y no "herirse de muerte" por cualquier comentario o negociación con la que seguramente no estará de acuerdo.

Bien, lo primero es comprender sus raíces, a partir del Genograma, que es el instrumento para reunir información desde lo transgeneracional (ver "El Genograma", pág. 127).

Para saber qué pasó en su familia, qué sucede con sus secretos y sus vergüenzas.

Ernesto Beibe

Después de comprender qué pasa, hay que entender qué pasa con sus valores en cuanto a lo relacional, qué le pasa con el otro.

1. ¿Qué proyecta sobre aquel que le "ofendió?

2. ¿Qué personajes y fantasmas rondan alrededor?

3. ¿Cómo desarmar estratégicamente situaciones que parecen no tener salida?

4. ¿Cómo sentirse cada vez más fuerte en sus convicciones? No para discutir sino para comprender, para poder responder con equilibrio a los presuntos ataques de un presunto ofendedor.

5. ¿Cómo mediatizar la sensación de venganza y displacer frente a la ofensa real o imaginada?

6. ¿Cómo cambiar el sistema de valores respecto del otro o de los otros posibles ofendedores?

Sin embargo, para la autoestima no alcanza con una conducta personal intachable, se necesita también descender de personas irreprochables o, por lo menos, no sentir que su familia porta algún secreto vergonzante. Cuando uno no puede enorgullecerse de las raíces, o por lo menos haberlas aceptado plenamente, aparece la vergüenza como contra cara.

> La autodefensa que utiliza el ofendido es la tristeza que la grita a los cuatro vientos. En realidad, esa tristeza es la máscara de la impotencia.

La autodefensa que utiliza el ofendido es la tristeza que la grita a los cuatro vientos y la demuestra con actos: "Qué triste está".

En realidad, esa tristeza es la máscara de la impotencia, porque siempre detrás de cada "triste" hay una violencia masiva imposible de metabolizar. Las migrañas, por ejemplo, disfrazan la violencia de tristeza para que no se note que se puede explotar en cualquier momento (ver "Agresión, violencia y agresividad", pág. 209).

Aquí es muy importante discernir entre tristeza y depresión, porque el cliente acude al Mentoring con la depresión que lo aqueja, y el trabajo del Mentor es hacerle separar un sentimiento de otro.

Soledades, pérdidas y abandonos

Es recurrente la llegada a la consulta con el sentimiento de soledad a pesar de tener una aparente vida social y afectiva "intensa".

En el consultante, la alegría y la seguridad suelen ser reactivas ya que son demostraciones iguales a las de una máscara que esconde su inseguridad y su temor de no ser querido (ver "Cortar la dependencia", pág. 305).

> Es recurrente la llegada a la consulta con el sentimiento de soledad a pesar de tener una aparente vida social y afectiva "intensa".

Aunque pueden camuflarse durante algún tiempo, es fácil terminar reconociéndolos porque su comportamiento presenta una serie de características singulares. La primera es que son adultos pero sólo en apariencia, porque su actitud continúa siendo la de niños y adolescentes.

Son personas que viven en un cuerpo adulto pero con la mentalidad de un niño. Se niegan a dejar atrás la adolescencia, se resisten a adquirir las responsabilidades que conlleva la etapa madura y, en lugar de orientar su vida en una determinada dirección, optan por anclarse en una 'juventud' psicológica. Es decir, en la comodidad de afrontar el día a día sin llegar más allá y sin poder de asumir responsabilidades, comprometerse o mantener su palabra.

Les seduce más mostrarse excesivamente jóvenes, preocupándose más allá de lo necesario por su aspecto físico, que asumir su momento real de madurez. Además son personas inseguras, aunque no lo demuestren o aparenten lo contrario, y esto suele generar un gran miedo a la soledad por lo que intentan rodearse de gente dispuesta a cubrir sus necesidades.

Son personas que viven en un cuerpo adulto pero con la mentalidad de un niño.

Su ansiedad es tal que cuando son evaluados por sus compañeros de trabajo o sus superiores reaccionan en forma absolutamente intolerante ante cualquier crítica.

En algunos casos pueden tener graves problemas de adaptación en el trabajo y en la relación con su pareja.

También son inseguros, aunque no lo demuestren. Permanecen insatisfechos con lo que tienen pero no pueden tomar ninguna iniciativa.

Aunque puedan disfrutar de cierta prosperidad profesional o económica, sienten que su vida no tiene la firmeza ni la estabilidad que les gustaría y permanecen insatisfechos con lo que tienen pero no pueden tomar ninguna iniciativa.

Les resulta difícil de solucionar su situación, de la que muchas veces no tienen noción, y por más señalamientos que reciban son renuentes a aceptarla.

Muy a pesar suyo sufren el "síndrome de Peter Pan" que incluye algunos rasgos de irresponsabilidad, rebeldía, cólera, narcisismo, dependencia, negación del envejecimiento, manipulación y la creencia de que están más allá de las leyes de la sociedad y de las normas por ella establecidas.

¿Cómo actúa el Mentor?

Si el Mentor sólo ayuda a su Cliente a adaptarse al medio y le busca situaciones de "aceptación", sería convertir su problema en una situación impostada y teatralizada que a larga dejará ver las costuras de esa mentira.

El primer paso que debe hacer el profesional es distinguir las situaciones "grises" del Cliente, sus dificultades para el desarrollo interno. Debe encontrar un grupo significativo de síntomas y signos (datos semiológicos) que concurren en su dificultad de desarrollo a etapas adultas y buscar las causas o etiologías de tales dolencias que le dificultan una correcta identificación de ciertos procesos.

El Síndrome Peter Pan

El nombre del síndrome de Peter Pan, se debe a las características de personalidad descriptas por el novelista escocés James M. Barrie en el relato que transcurre en el país imaginario de Nunca Jamás en donde el lema de los niños es no querer crecer nunca.

El síndrome de Peter Pan se caracteriza por la inmadurez en ciertos aspectos psicológicos y sociales.

El síndrome de Peter Pan se caracteriza por la inmadurez en ciertos aspectos psicológicos y sociales.

Son personas con escasa capacidad de empatía y de apertura al mundo de los adultos. Como no pueden abrirse sentimentalmente son vividos por la sociedad como individuos erráticos o no predispuestos a darse. En su sociabilidad suelen iniciar relaciones con gran entusiasmo que luego rápidamente abandonan; tal como los niños se conectan con un juguete nuevo y que finalmente queda apilado a la vista pero sin ligazones libidinales.

Son los hijos que nunca se marchan de la casa paterna, cuarentones con una vida social propia de un adolescente, con amistades y grupos mucho más jóvenes que ellos.

Los Peter Pan son personas que pese a haber alcanzado la edad adulta son inmaduros emocionales y no pueden afrontar las responsabilidades que conlleva la edad biológica real.

Los Peter Pan no saben o no quieren renunciar a ser hijos para empezar a ser adultos.

Otra de sus características es que cambian constantemente de pareja: por lo general buscan parejas más jóvenes y se visten y divierten como adolescentes pese a superar largamente la treintena. La relación con estas parejas les ofrece "la ventaja" del vivir al día y sin planes de futuro, con menos responsabilidades. En cuanto una relación empieza a implicarles un nivel más alto de compromiso y responsabilidad suelen asustarse y acaban rompiéndola. No saben o no quieren renunciar a ser hijos para empezar a ser adultos.

Ernesto Beibe

Las Pérdidas

La función del Mentor es encontrar los orígenes que constituyen una personalidad con tantos aspectos infantiles. Entre ellos figuran pérdidas y duelos no resueltos en donde aferrarse al nido infantil mitiga el dolor psicológico. Allí, no había problemas, y la nostalgia hacia la niñez es persistente aun para quienes la infancia no fue justamente un espacio de tranquilidad y felicidad (ver "El Genograma", pág. 127).

> Pérdidas y duelos no resueltos en donde aferrarse al nido infantil mitiga el dolor psicológico.

Quien vivió durante su infancia con pérdidas significativas la idealiza de tal manera que no puede discernir la realidad de su sufrimiento. Finalmente su refugio fue buscar aspectos infantiles para poder blindarse.

El País de Nunca Jamás guarda cierto paralelismo con el cielo que proclaman muchas religiones en un intento parecido de mitigar el dolor ante la pérdida al creer que nosotros y nuestros seres queridos gozaremos de una vida más plena en algún otro lugar prometido "si creemos lo suficiente". Es por eso que lo más fácil y común es aferrarse a pensamientos mágicos, igual que en la niñez.

Cuando Peter Pan busca su crecimiento es tentado por los cantos de sirenas que le ofrecen alcanzar la felicidad comprando fórmulas de comportamiento que no hacen más que desgastarlo y volver a generarle la desconfianza originada desde el mundo adulto.

Nuevos Paradigmas

El alargamiento del envejecimiento genera el comienzo tardío de la pubertad y de la adolescencia que sumados a cambios drásticos de paradigmas hacen que el adolescente, novel adulto, se encuentre sin horizontes, sin referentes ni modelos válidos a seguir. Por eso, le resulta más fácil refugiarse en lo que conoce y en donde se sintió cuidado y seguro, que es el período de la niñez y adolescencia.

> Son reacios a aceptar normas. Rehúyen a trabajar con el fin de mantenerse y autorrealizarse.

Otra hipótesis verosímil sobre los comienzos de una personalidad Peter Pan, hace pensar en una infancia muy feliz en la que la persona quiere permanecer para no enfrentar la incómoda aceptación de límites que implica el ingreso a la vida social adulta.

Son reacios a aceptar normas. Rehúyen a trabajar para generar valor con el fin de mantenerse y autorrealizarse. No logran esforzarse en estudiar para concluir una carrera e ignoran cómo forjar vínculos maduros en relación con los otros tanto en el orden de la amistad como del amor. Son procastinadores permanentes que se hieren con cada postergación.

Secretos y de eso no se habla

Hay secretos en las familias que terminan infantilizando (ver "El Genograma", pág. 127).

Ernesto Beibe

También hay tabúes de los cuales los hijos participan pero comprenden que no los pueden solucionar y por lo tanto no se atreven a preguntar por miedo a producir dolor.

Para lograr este cometido, se les promete un lugar en el "Nunca Jamás" para que olviden la realidad dolorosa, que no miren más, que no pregunten, que no se cuestionen, que no puedan hacer frente al conflicto y que por el contrario huyan de él. Pues éste les genera una crisis de ansiedad, de angustia y de depresión. En medio de esta visión, se deja de lado que sólo a través del conflicto, que no es más que diferencias de opinión, se generan los espacios de creatividad y crecimiento.

> **Sólo a través del conflicto, que no es más que diferencias de opinión, se generan los espacios de creatividad y crecimiento.**

Pero también existen ciertos "secretos siniestros" de los que somos cómplices involuntarios porque no tenemos forma de escapar debido a que no los comprendemos ni somos conscientes porque suelen venir de generaciones anteriores.

> **Cuando se encubre un peligro con una falsa tranquilidad se introduce un mensaje peligroso bajo una forma acaramelada y uno lo termina asimilando.**

Lo siniestro es cuando nos encontramos con un lobo que viste una piel de cordero.

Cuando se encubre un peligro con una falsa tranquilidad se introduce un mensaje peligroso bajo una forma acaramelada y uno lo termina asimilando. Con esto terminamos poniendo en un altar y adorando a la figura que generó en nosotros la dependencia y la sumisión.

Conclusión

En muchos casos, los "Peter Pan" no asumen su responsabilidad hasta que sienten en carne propia las consecuencias negativas de sus actos, lo cual los lleva a pensar en que necesitan cambiar de actitud.

El sujeto se siente protegido por una suerte de blindaje psicológico (su mundo infantil) para no advertir el paso del tiempo. Al no haber logrado crecer, el Peter Pan se encuentra entre dos aguas: no pudo aún organizarse en el mundo adulto y ya no cuenta con el refugio del mundo infantil. Esto lo deja inerme porque mientras que no terminó de adaptarse al mundo que lo rodea ya no cuenta con esa armazón infantil que, aparentemente y sólo aparentemente, le servía de coraza.

> **Al no haber logrado crecer, el Peter Pan se encuentra entre dos aguas: no pudo aún organizarse en el mundo adulto y ya no cuenta con el refugio del mundo infantil.**

Es entonces cuando la persona se encuentra con las manos vacías y con una vida dolorosamente irrealizada. Con parejas inadecuadas o de modo extremo, lo que también suele pasar, sin pareja alguna.

Adolescente, joven, o ya en la madurez, al Peter Pan le resulta difícil dejar atrás el mundo de la niñez de pocas obligaciones y responsabilidades. Le es complicado tomar conciencia de este fracaso reiterado que le impide vivenciar una adultez equilibrada.

Para solucionar este trastorno el primer paso es que el propio afectado sea capaz de darse cuenta de que su actitud no es adecuada para la sociedad adulta y

Ernesto Beibe

debe asumir que tiene un problema. Esto no resulta una tarea sencilla porque quienes sufren este síndrome culpan y hacen responsables a los demás de todo cuanto les sucede.

Cuando un niño deja de usar zapato número 29 y se convierte en un púber que usa 32 pierde la noción de su imagen corporal y comienza a chocarse con los muebles y las paredes. Ello genera la burla, el menosprecio y el castigo de los adultos que le hacen sentir el dolor por el cuerpo perdido.

El duelo de la niñez a la adolescencia y de la adolescencia a la adultez requiere de comprensión, responsabilidad y maduración. Es una ineludible pérdida pero a la vez una ganancia que no fue planteada cuando el desarrollo psicofísico lo reclamaba.

> El duelo de la niñez a la adolescencia y de la adolescencia a la adultez requiere de comprensión, responsabilidad y maduración.

Para resolverlo, es necesario comenzar la reconstrucción de un ser en crecimiento, de un ser que evoluciona y que descubre el placer que este proceso genera.

Dado que las conductas repetidas durante muchos años no se modifican fácilmente debe tratarse a la persona no sólo en forma individual sino familiar. El problema no se encuentra sólo en el Peter Pan sino también en los integrantes de la familia o la pareja.

Porque quienes lo rodean suelen favorecer y reforzar inadvertidamente los comportamientos inmaduros del afectado.

Es importante recalcar que será imposible que el Men-

> **El problema no se encuentra sólo en el Peter Pan sino también en los integrantes de la familia o la pareja.**

tor pueda ayudar al Cliente que presente resistencias y que no comprenda lo profundo de su drama hasta que tome conciencia de que necesita ayuda. Para ello debe saber que tendrá que trabajar activamente, codo con codo con el Mentor, y así lenta e inexorablemente podrá integrarse al mundo real y seguir su camino de adulto.

Estafadores
y estafados

Aparentemente las palabras "timador" y "estafador" suenan como sinónimos pero la acción de timar esta muy alejada de la de estafar.

Timar es engañar con la idea de robarle algo a alguien a quien sorprende en su buena fe, y no tiene defensa frente a la maniobra del otro.

Pero para estafar hace falta un cómplice: el estafado.

> No existiría el estafador si su acción no fuese generada por alguien que busca (inconscientemente, por supuesto) ser estafado.

No existiría el estafador si su acción no fuese generada por alguien que busca (inconscientemente, por supuesto) ser estafado.

La estafa, el estafador y el estafado son co-responsables y no hay derecho al pataleo.

Veamos por ejemplo una empresa que creció gracias a coyunturas económicas y a la actividad diferenciada de especialización de alto valor agregado. Todo esto sucedió sin que uno de los socios lo notara, porque siempre se considero a sí mismo como un obrero más de su compañía.

Hizo entrar a su empresa -como socio- a su hermano,

por amor y lealtad y sin aporte de capital. Con ello comenzó a darle alas al desequilibrio que devino en los años subsiguientes con una serie de estafas flagrantes.

Estafas de las cuales toda la familia del Cliente era consciente, pero por mas que le señalaran, no podía registrarlas como tales simplemente porque él, el estafado, permanentemente lo seguía generando y sosteniendo.

A la vista estaba el hecho de la compra de autos lujosos, en detrimento del viejo cascajo que usaba el hermano fundador, el nivel de vida ostentoso de su hermano menor frente a las actitudes de casi un desposeído del Cliente. La diferencia se hacía notoria con una casa lujosa, viajes permanentes y como la frutilla del postre, el haberse armado su propia compañía, a la vista del mismo hermano cada vez más desposeído.

El padre-abuelo-empresario-obrero ya tenía a toda la familia incorporada (a la fuerza para que le cuiden las espaldas) y ni se daba por enterado de estas situaciones porque seguía aferrado a su banco de trabajo.

Para volver a equilibrar las finanzas, poner freno al desangre de esfuerzos por mantener lo creado, retomar el ritmo donde el estafador no operara, había que desestructurar. Es decir, generar una crisis real para buscar una nueva y justa manera de armar una empresa sin grietas.

Sacar al estafador de circulación era imposible sin

> **Esta historia real nos indica que el camino lógico a tomar hubiese sido destituir al "ladrón", pero la filosofía del Mentoring muestra que cualquier problema en la familia es relacional, y cualquier lugar en el sistema donde se opere, va a producir cambios en la totalidad.**

organizar un des-acondicionamiento del Cliente a la situación de víctima, a la que no sólo estaba acostumbrado sino que la promovía.

Este planteo no existía tampoco en la voluntad del fundador, porque nunca se había cuestionado acerca de lo que le gustaría hacer a su edad,con las fuerzas y la lucidez con las que contaba, más allá de la rutina frente a su banco de trabajo.

Luego de comenzar el trabajo junto al Mentor, la empresa recuperó créditos, las cobranzas estaban vigiladas al igual que cada peso que salía y el trabajo ahora rendía. El primero que se retiró fue el mismo hermano estafador, que al quedarse sin el "estafado", sus acciones de estafar perdieron vigencia e interés, y , por otro lado, no sabía ni podía hacer otra cosa.

Esta historia real nos indica que el camino lógico a tomar hubiese sido destituir al "ladrón", pero la filosofía del Mentoring muestra que cualquier problema en la familia es relacional, y cualquier lugar en el sistema donde se opere, va a producir cambios en la totalidad.

Entonces, la pregunta inicial que se le hace y se busca en su Genograma (ver "El Genograma", pág. 127) será como llegó el Cliente a ponerse en el lugar del estafado, y qué hizo activamente para pasar por ese mal trago.

A partir de comprender estas situaciones, el Mentor le ayudará a ponerse firme y a decir "no" cuando corresponda y con ello dejará de victimizarse y de decir: estáfenme, estáfenme, estáfenme.

Culpa, pecado y responsabilidad

Hay un tipo de persona claramente reconocible y es aquel que culpabiliza, configurando así el retrato de un culpabilizador.

Es quien se queja casi siempre y, en general, nunca tiene la culpa si las cosas se tuercen.

Si las cosas no van bien hace creer que la culpa es de algún otro pero no acusa directamente sino que lo hace de forma retorcida y sutil.

> El mundo está lleno de este tipo de psicópatas pero su existencia es gracias a las personas que se sienten culpables en su presencia.

Pero resulta que hay otro tipo de personas y esa contra-parte también es reconocible.

El mundo está lleno de este tipo de psicópatas pero su existencia es gracias a las personas que se sienten culpables en su presencia, aquellas que tienen la impresión de hacer las cosas mal e intentan cambiar para darle satisfacción.

En el capitulo anterior vimos que para que haya un estafador hace falta alguien que le diga "estáfame" así como hay ciertos golpeados que piden a gritos "golpéame".

Son personas que están educadas para ser sumisas y

temerle a la autoridad. Se sienten facultados, por alguna razón, a castigar su pecado y sentirse culpables.

No es ninguna novedad que, desde sus orígenes, la civilización judeo-cristiana se maneja con el binomio culpa-pecado a lo que le agrega el castigo correspondiente. Con estas tres palabras culpa, pecado y castigo durante siglos han dominado a las personas lucrando con ellas. Han logrado que el sentimiento de culpa sea una de las emociones más destructivas, tanto si es por algo que el individuo ha hecho como por algo que no ha sido capaz de hacer (ver "Agresión y violencia", pág. 209).

La civilización judeo-cristiana se maneja con el binomio culpa-pecado a lo que le agrega el castigo correspondiente.

Entra entonces la cuarta palabra llamada voluntad, para que si los actos culpables se repiten por falta de ella los castigos divinos serán mucho más terribles, con la consiguiente cuota de mayor sumisión y más dinero para las arcas de la institución.

La tradición judeo-cristiana, cuya fuente fundamental es la Biblia, ha entendido el pecado como el alejamiento del hombre de la voluntad de Dios. Es una forma de sumisión, de esperar y de buscar un castigo.

La culpa se genera por medio de esta creencia machacada a través del miedo al castigo y al terror de lo por-venir.

Logran formar personas que se manejan irracionalmente con los conceptos del bien y del mal porque se relacionan totalmente con la culpa y con el pecado.

El pecado (del latín: peccātum) es la transgresión voluntaria de un precepto asumido por bueno. Pecado es la acción, conducta o pensamiento, condenado por la ley divina o eclesiástica. Hay para elegir: pecado mortal, pecado original o pecado venial.

La culpa se genera por medio de esta creencia machacada a través del miedo al castigo y al terror de lo por-venir y se da, por lo general, en personas que viven una vida signada

> Su función es que el sujeto sea consciente de que ha hecho algo mal para poder dominarlo y subsumirlo.

por la culpabilidad, que se someten y que esperan inútilmente que alguien los exculpe. Si no es por el lado de un sacerdote, es por el lado de sus padres, de su pareja o de un superior en su empresa.

La culpabilidad, por tanto, surge ante una falta que se supone que la persona ha cometido. Su función es que el sujeto sea consciente de que ha hecho algo mal para poder dominarlo y subsumirlo.

> Su origen tiene que ver con el desarrollo de la conciencia moral que se inicia en la infancia.

Su origen tiene que ver con el desarrollo de la conciencia moral que se inicia en la infancia, que no sólo es promocionada por la Iglesia, sino que muchos padres la tienen a mano con la dichosa palabreja culpa. Un término que genera acusaciones del tipo: "Como siempre, es tu culpa", "Reconoce tu culpa", "Seguro que en algo andabas", "No cuidas tus cosas", "Tu hermano llora por culpa tuya", "Debo hablar con la maestra y molestarme en ir a la escuela por tu culpa".

La culpabilidad es un arma poderosa porque puede utilizarse para ejercer el poder y obtener de los otros lo que se quiere. Las personas culpabilizadoras especialmente como los padres, madres o maestros, intentan hacer creer que la culpabilidad está justificada y de este modo aprovecharse y ejercer un poder omnímodo que seguramente de otro modo no podrían ejercer.

A esto se lo denomina chantaje emocional: "No haces lo que se espera de ti", "No sé cómo has sido capaz de...", "Si hubieras... no habría ocurrido", etcétera (ver "Agresión, violencia y agresividad", pág. 209).

A partir de la inducción de culpa buscan la sumisión o la consecución de sus objetivos.

Este sistema culposo tiene un beneficio secundario. Esperará que alguien lo exculpe pero jamás se hará cargo de sus acciones.

De hijos culpabilizados crecen adultos, que sólo por vivir, ya se sienten culpables.

Pero este sistema culposo tiene un beneficio secundario. El individuo que se sentirá absolutamente culpable buscará el castigo y entonces esperará que alguien lo exculpe pero jamás se hará cargo de sus acciones.

La culpa y el pecado son pasivos, la persona no se hace cargo, siempre hay otro a quien pasarle el fardo; llega a niveles tan altos de stress que los demás terminan teniéndoles lástima. Esta es una de las peores formas de autoagresión porque nunca va a lograr sentirse una persona íntegra ya que siempre está esperando un castigo que si no llega de afuera se lo infringe por sus propios medios.

Este es el origen de innumerables males, porque el ataque a sí mismo no tiene sábados ni domingos ni feriados, nunca descansa.

Las personas que tienden a auto-culpabilizarse de forma frecuente sienten un importante malestar emocional, desprecio por sí mismos y desvalorización.

Las personas que tienden a auto-culpabilizarse de forma frecuente sienten un importante malestar emocional, desprecio por sí mismos y desvalorización. Estos sentimientos se asocian a un elevado nivel de auto-exigencia, perfeccionismo, obsesividad y tristeza, además de un nivel muy bajo de autoestima.

Aquí es donde se hace importante la labor del Mentor para que estas personas, que no se pueden mover independientemente por la vida, puedan hacerlo al dejar de lado esas deudas imposibles de pagar. Deudas que son inventadas y no tienen asidero en la realidad.

> **Previo análisis a través del Genograma, el Mentor puede vislumbrar hasta donde llega el arraigo de la culpa que arrastra el Cliente por su vida.**

Previo análisis a través del Genograma, el Mentor puede vislumbrar hasta donde llega el arraigo de la culpa que arrastra el Cliente por su vida para comenzar un proceso de comprensión y ex-culpación (no de disculpas). Con el trabajo conjunto, el Cliente logra cambiar estas sensaciones, sentimientos y creencias de actos culposos y culpables por la idea de asumir responsabilidades.

> **Ya no necesitará ni dependerá de que alguien lo absuelva y los términos bueno o malo -que son los representantes de la culpa y el pecado- se cambian y se reconocen como funcionales o disfuncionales.**

Ya no necesitará ni dependerá de que alguien lo absuelva y los términos bueno o malo -que son los representantes de la culpa y el pecado- se cambian y se reconocen como funcionales o disfuncionales.

El Mentor comienza a educar al Cliente para que pueda discernir, comprender, recuperar y armar el sentido de la responsabilidad resignificando también algunos hechos sucedidos en la niñez.

El Mentoring ayuda que el Cliente entienda que él es el responsable de sus obras y esto le permitirá comprender lo que hace y por qué.

Cuando el Cliente reconstruye el pasado y actúa en el presente no sólo se ayuda a tomar una serie de decisiones de manera consciente, sino que asume las consecuencias que éstas traen y así podrá responder por ellas ante quien corresponda en cada momento.

> **El Mentoring ayuda que el Cliente entienda que él es el responsable de sus obras y esto le permitirá comprender lo que hace y por qué.**

Es necesario añadir un elemento que tiene que estar presente y que sin él será imposible hablar de responsabilidad. Es la libertad quien en definitiva determina que alguien pueda realizar cualquier acción porque así lo estima oportuno o lo desea.

Por otro lado, la libertad ayuda a desarrollar dos factores muy importantes para la vida de relación adulta: la valentía y la humildad. Ésta última es vital para que alguien que ha cometido un error con sus actos carezca de falso orgullo y pueda pedir perdón.

> **Es la libertad la que, en definitiva, determina que alguien pueda realizar cualquier acción porque así lo estima oportuno o lo desea.**

La persona responsable es aquella que actúa conscientemente al poder discernir si él o sus actos son la causa directa o indirecta de un hecho ocurrido.

Se sentirá obligado a responder por sus actos y reparar.

La palabra responsabilidad proviene del latín responsum y es una forma de ser considerado sujeto de una deuda u obligación.

Así debe entenderse la "responsabilidad", desde la perspectiva de una persona que ejecuta un acto libre, tal como la necesidad en la que se encuentra la persona de hacerse cargo de las consecuencias de sus actos.

> La persona responsable es aquella que actúa conscientemente al poder discernir si él o sus actos son la causa directa o indirecta de un hecho ocurrido.

A esto lo llamamos "dignidad", calle por la cual se llega a la avenida de la "libertad" y a la autopista de la "independencia" (ver "El camino de la independencia", pág. 285).

El futuro no existe

¿De qué hablamos cuando hablamos de futuro?

El futuro no se puede predecir: no existe.

Supongamos que se terminó el año y está comenzando uno nuevo. A través de llamadas, mensajes, cartas y correo electrónico enviamos y recibimos deseos de un futuro venturoso.

Todos ellos no son más que deseos que expresamos en palabras con las que promovemos sueños y con las que aceptamos que otros nos deseen felicidad y ventura. Esto es el futuro: simplemente... sueños.

¿Existe acaso el futuro?

Sabemos que hoy es el futuro de ayer, pero ¿qué sabemos en realidad del mañana?

No sabemos nada. Sólo tenemos deseos de que exista. El mañana está formado por nuestras proyecciones y proyectos.

El hecho de pre-decir el futuro, de poder pre-determinarlo y de tratar de manejar los acontecimientos futuros, sólo se puede lograr en función de lo que uno conoce del pasado al planificarlo en el presente.

"Él sigue con el pasado a cuestas.

Lo que sobra es pasado.

Lo que no tiene es futuro,

y eso no es la inocencia sino todo lo contrario"

Eduardo Sacheri en *Aráoz y la verdad*

Desde los tiempos inmemoriales el hombre ha intentado manejar el futuro porque éste es su antídoto para el olvido, para la soledad, para la muerte y para el miedo que le genera la incertidumbre.

El hecho de pre-decir el futuro, de poder pre-determinarlo y de tratar de manejar los acontecimientos futuros, sólo se puede lograr en función de lo que uno conoce del pasado al planificarlo en el presente.

Es la forma en que cree que puede lograr una sensación tranquilizadora y que se basa en la idea de que uno puede manejar lo que no sabe.

Sea que esto ocurra o no.

En definitiva, el pensamiento acerca del futuro es simplemente una propuesta estadística, un juego de probabilidades.

El cuerpo humano es un extraordinario sistema que puede dejar de funcionar sólo por una burbuja de aire, por un pequeño guijarro, por un trocito de metal en forma de bala o por una bacteria no extinguida a tiempo.

Ernesto Beibe

Una célula fuera de lugar puede convertir en cenizas la mejor planificación de un futuro.

Un abrupto movimiento en el planeta o ciertas situaciones inmanejables de la naturaleza, pueden generar un terremoto, un huracán o un tsunami y estas transformaciones naturales también pueden atentar contra la mejor intención de vivir ese futuro venturoso que deseamos y que nos desean.

> En definitiva el pensamiento acerca del futuro es simplemente una propuesta estadística, un juego de probabilidades.

A pesar de estar seguros de que el futuro de cada uno está determinado cuando uno nace, -y aunque no terminemos de hacernos a la idea-, va a haber un momento final para la existencia, igualmente seguirá pensando que puede manejar el futuro al igual que lo hicieron sus padres, abuelos y ancestros.

Pero no seamos pesimistas. No todo es desesperanza porque la realidad es que tiene un presente bien palpable y un pasado que ya fue y se fue pero que le dejó certezas.

> El pasado es su firmeza, el basamento estructurado y al mismo tiempo su trampolín.

Ese pasado del individuo es su lugar seguro.

Por eso para poder situar las esperanzas que cumplirán los planes futuros, él debe conocer lo mejor posible su pasado.

El pasado es su firmeza, el basamento estructurado y al mismo tiempo su trampolín.

Pero no es sólo su propio pasado inmediato, sino también el pasado de sus ante-pasados.

Es necesario bucear en sus raíces para comprender lo que lo fue modelando y a través de qué mandatos él es quien es. Con lo funcional y lo disfuncional, con las creencias y los valores heredados así como con la cultura que ya adquirió y que hace de cada persona un ejemplar único e irrepetible (ver "Identidad heradada, adquirida y soñada", pág. 257).

> El camino mejor y más fácil para llegar a conocer al individuo es utilizar el Genograma con la ayuda del Mentor.

Gracias a esa búsqueda en el pasado él podría gozar de las herencias o pagar las facturas que sus ancestros no alcanzaron a cancelar.

El camino mejor y más fácil para llegar a conocernos es utilizar el Genograma con la ayuda del Mentor (ver "El Genograma", pág. 127).

El Genograma permite rápida y eficazmente conocer, re-significar y poder integrar este pasado a su forma actual de vivir y de relacionarse.

Es lo que le da la integridad y una base de realidad que supera la mera imaginación o los buenos deseos expresados en las palabras que repetimos cada fin de año sin cesar.

Tal vez no llegue a conocer su esencia total, pero sí podrá al menos, tener una fuerte aproximación de ella.

Adquirir este bagaje y conocimiento, es lo que puede dar lugar a la esperanza de construir un futuro distinto y con "bien-estar". Un lugar en donde la duda y la negatividad estén contrarrestados porque subieron los índices estadísticos de la buena salud. Cifras que, en definitiva, lo ayudarán a generar mejores relaciones con los demás y consigo mismo.

Ernesto Beibe

Si no intenta implementarlo será el ejemplo viviente de aquellos que se golpean una y otra vez con la misma piedra. Que es otra forma de vivir el futuro. Poco práctica -por cierto- y nada funcional, pues es fruto del desconocimiento de las propias raíces, piedra angular de toda construcción.

El futuro es hoy, es el día que comienza cada vez que el individuo se despierta. Necesita haberse preparado ayer para el futuro que es hoy, aunque impere la incertidumbre. El conocimiento previo le dará un mejor marco para organizar sus acciones, para equivocarse menos y para tener dispuestas algunas soluciones que usará para desarrollar y poder llegar en algún momento a vivir su identidad soñada.

> El futuro es hoy, es el día que comienza cada vez que el individuo se despierta.

Una identidad soñada que tiene que ver tanto con sus proyectos individuales como familiares y sociales.

Algunos de estos proyectos podrán llegar a su desarrollo y concreción total. Otros quedarán por el camino. Esto es importante saberlo de antemano porque le permite prepararse tanto para el éxito de sus ideas como para el revés de aquellas que no puede concretar al poder vivirlo con una sana tolerancia a la frustración.

Este convivir con la idea de los éxitos y también de los fracasos, es el mejor antídoto para las incertidumbres que signan su vida como ser humano y la mejor manera de prepararse para el (¿futuro?) que vendrá y que se inicia hoy.

SEGUNDA PARTE

DIAGNÓSTICO Y CAMBIO

Introducción

El Genograma

Construcción de un genograma

El lenguaje de los órganos
y sus metáforas populares

El miedo motor del estrés

Agresión y violencia

Poder, autoridad y liderazgo

Identidad heredada, adquirida
y soñada

Introducción

En los próximos capítulos, desarrollaré el "Genograma", herramienta imprescindible para comprender el origen de las quejas y complicaciones que anteceden y son un punto de partida para trabajar con el Cliente o Consultante, no sólo para entender y comprender la génesis de sus malestares, sino que a medida de que los va deduciendo e incorporando se "dará cuenta" y podrá comenzar a cambiar.

Es importante determinar el origen de las dolencias corporales en un diálogo con su cuerpo, éste posee un lenguaje muy claro para el Mentor gracias a lo cual podrá traducirle y hacerle consciente a su Cliente el origen de los malestares y padecimientos. Al comenzar a conocerse, el mismo cuerpo que provocó ciertas reacciones va a volver a reabsorberlas.

El cuerpo reacciona inmediatamente frente a situaciones de stress, de agresiones y violencias, porque está preparado para defenderse de estos estímulos externos con fuertes descargas de neurotransmisores, adrenalina, histamina o dopamina y actúa además, de acuerdo a un libreto dictado por las identidades heredadas desde su nacimiento hasta las que va a ir incorporando durante su vida.

En los siguientes capítulos especificaré algunas de estas situaciones para luego explicar cómo encontrar formas de destrabarlas y poder salir adelante.

La semilla del cambio comenzará a germinar también cuando el Cliente pueda discernir, priorizar y comprender las diferencias entre el poder y la autoridad, puesto que son conceptos que habitualmente llevan a confusión.

Una vez que la persona está en movimiento, aquello que generó la dificultad, y la dificultad misma, pasan a ser una fuerza impulsora que el individuo acepta en su favor y la convierte en la posibilidad de aprender cosas nuevas y de re-inventarse.

Ernesto Beibe

El Genograma

El Genograma es una de las principales herramientas de diagnóstico y trabajo que usa el Mentor. Tiene un formato similar al de un árbol genealógico. Sin embargo, en Mentoring se utiliza como un punto de partida para conocer mejor la historia familiar y ancestral de un individuo.

> **El Genograma se utiliza como un punto de partida para conocer mejor la historia familiar y ancestral de un individuo.**

Funciona como un facilitador del trabajo del profesional porque el Genograma ofrece como resultado final la posibilidad de recibir una gran cantidad de información del Cliente en un tiempo muy breve.

Al conversar, preguntar e indagar, el Mentor codifica la información que el consultante proporciona al tiempo que la va decodificando y formando un constructo de la situación problemática del Cliente. Esto lo realiza en forma visual y concreta al desarrollar este "mapa" de la historia familiar.

El Genograma ofrece los datos necesarios para entender y para trabajar en el importante legado que dejaron los ancestros sobre el consultante.

Esta historia familiar pone de manifiesto que las personas son menos libres de lo que creen ya que siempre portan secretos y se apropian de lealtades invisibles hacia sus ancestros. Es por eso que viven pagando deudas del pasado.

De esta manera, es cómo todo el sistema de premios, venganzas, odios y castigos continúan involuntariamente funcionando en el individuo. Quieran o no, lo sepan o no, este legado es el que los empuja a repetir situaciones vergonzantes, acontecimientos dolorosos o historias continuas de quiebres.

> **El Genograma ofrece los datos necesarios para entender y para trabajar en el importante legado que dejaron los ancestros sobre el consultante.**

A través de la confección del Genograma, el Mentor ayuda a descubrir y pone de manifiesto esas fuerzas invisibles, nunca dichas, nunca expresadas, para volcarlas a su parte racional. Al poder comprenderlo y luego elaborarlo junto al Cliente, el Mentor logra que éste las integre a su vida.

El Genograma es útil para entender mejor de dónde proviene la persona y para determinar bajo qué tipo de relaciones familiares, creencias, éxitos o falencias esta persona nació, se crió y se desarrolló.

Cuando el Mentor trabaja, este conocimiento ayudará al interesado a lograr un mayor y mejor entendimiento de sí mismo así como del camino de vida elegido.

> **Cuando el Mentor trabaja, este conocimiento ayudará al interesado a lograr un mayor y mejor entendimiento de sí mismo así como del camino de vida elegido.**

Para la confección de este "mapa" familiar se utiliza una notación simbológica que luego se interpreta y se traduce al papel. A través de los símbolos se encontrarán las relaciones familiares, aparecerán las tendencias repetidas del núcleo familiar y surgirán los patrones que se repiten y que fueron pasados de padres a hijos.

Podrían ser tanto entidades superficiales o anecdóticas, como por ejemplo los disgustos que él considera parte de su personalidad y que no lo dejan conforme consigo mismo, como así también los mandatos familiares que sin duda presiente que lo han llevado hasta donde se encuentra en ese momento.

Empieza a comprender de dónde surge su auto-valoración frente a su grupo de trabajo, a la familia o a la relación con el entorno urbano. Entiende la razón de sus elecciones profesionales o de empleo y su historial de éxitos y fracasos en la movilidad social. Esta última, una fuerte problemática que le permitirá al Cliente entender la dicotomía que tiene entre las aspiraciones reales versus las aspiraciones familiares.

El Genograma que se utiliza en Mentoring no busca enfermedades. Busca cómo y por qué se alteran y se convierten en disfuncionales las relaciones.

A través del Genograma el Mentor le muestra las relaciones entre sus parientes y ancestros y le permite visualizar y comprender cómo los casamientos o divorcios, la cantidad de hijos, las dinámicas dadas entre padres e hijos, la injerencia de enfermedades y/o muertes, dejaron una huella en la familia. Especialmente en él, quien parte de ese pasado, y sobre todo será quien ayudará a modelar el futuro de este conglomerado familiar.

Este moldeado que trae el Cliente en su imaginario es el que imprime a su vida cotidiana los elementos de sus relaciones funcionales y disfuncionales. Relaciones de las cuales no siempre es consciente, por el contrario, son muchas veces subterráneas e inconscientes.

Este tipo de Genograma difiere absolutamente del utilizado por otros profesionales de la salud, incluyendo a médicos, que solo buscan historias de enfermedades y dolencias familiares.

El Genograma que se utiliza en Mentoring no busca enfermedades. Busca cómo y por qué se alteran y se convierten en disfuncionales las relaciones entre las personas con la familia y con el medio ambiente. Para lograr vivir en paz y en buenas relaciones el objetivo será poder cambiar en el Cliente el uso del término "problemas" por "dificultades" y el término "guerras" por "conflictos". Primero consigo mismo y luego con los demás.

EL GENOGRAMA:

-Informa acerca de ciertas normas y valores familiares.

-Informa acerca de la relación entre un problema y su contexto familiar.

-Pone en evidencia cómo un problema puede repetirse y/o evolucionar a través del tiempo y entre varias generaciones.

-Facilita que una persona se reconozca como integrante de una cadena trasgeneracional que lo ha determinado y que también le ha brindado ciertas posibilidades.

-Permite rastrear un problema a través del tiempo.

-Invita a realizar una lectura horizontal o vertical de una problemática:

Horizontal: ver qué lugar tiene esa dificultad en determinado contexto. *Vertical:* entender cómo fue evolucionado a través de las generaciones. Recordemos que las pautas familiares suelen repetirse a través del tiempo

-Permite visualizar situaciones críticas y momentos de cambio.

-Proporciona la hipótesis de lo que llevó o llevará al cambio a una determinada familia

-Se incluye a todos los miembros de una familia así como a aquellas personas que aunque no pertenecen a ella, han tenido un papel importante en la vida familiar.

¿Por qué usa el Mentor el Genograma con el cliente?

El Mentor usa el Genograma como herramienta de diagnóstico para poder ayudar y enseñar al consultante a observarse. Se busca que pueda verse claramente en el contexto de las relaciones que no le funcionan, en el de las frustraciones o en las sensaciones de fracaso. A partir de esta comprensión podrá cambiar su manera de pensar y pensar-se, para luego re-conocer a los que se mueven a su alrededor así como también

> A partir de esta comprensión, podrá cambiar su manera de pensar y pensar-se.

podrá hacerse cargo de los errores sin negar su responsabilidad.

Al seguir su propia voluntad ya no estará guiado por mandatos familiares escondidos que se accionan inconscientemente y que le provocan reacciones complicadas con su mundo exterior. Esto ayudará al Cliente a tomar decisiones funcionales y alcanzar un camino en donde pueda ser más feliz.

Porque estos mandatos y formas de ver la vida, de clasificar y juzgar el mundo, tienen mucho poder sobre las decisiones diarias.

El Mentor será quien lo ayudará a identificarlos al lograr que el individuo pueda reflexionar en vez de actuar en forma inconsciente. De esta manera dejará de creer taxativamente que estas opiniones, reglas y tendencias le son propias y comprenderá que tales mandatos, pueden paradojalmente, ir en contra del crecimiento y la realización personal de sí mismo.

Rumbo Propio

El Mentor contextualiza la confección del Genograma: incluye al Cliente en el proceso y lo hace en tiempo real. Le explica en cada paso la influencia de los personajes que le dieron vida y le transmitieron las reglas y las creencias así como las historias de los logros, las

> Examinar esta herencia sirve para inventariar actos funcionales o disfuncionales en el seno de dicha familia.

frustraciones, los fracasos, los rencores y las pasiones familiares.

Estos son los que hoy operan en gran medida tanto como sus factores paralizantes o como ciertas identificaciones que le dan riqueza a su realidad cotidiana.

Examinar esta herencia no tiene como objetivo encontrar en el pasado familiar "buenas o malas acciones'", sino que sirve para inventariar actos funcionales o disfuncionales en el seno de dicha familia. Al correr el halo de misterio y dejar al descubierto ciertos secretos "confesables o inconfesables" hay un sinfín de cosas que comienzan a tomar sentido.

Es muy posible que los conflictos no resueltos en esta generación puedan provenir de causas que tal vez hayan quedado enterradas hace siglos pero que siguen vigentes y acompañan a esta familia en su desarrollo.

Por ejemplo: quizás hubo un pasado en donde el reparto de una herencia fue mal resuelto y aún hoy eso divide a los descendientes de esta familia en "ganadores" o "perdedores" que los llevan a repetir roles y fidelidades dentro del entorno familiar. Aunque esto haya sucedido en las historias de tres o más generaciones anteriores. Otro ejemplo es la gran influencia que le imprime a una familia las antiguas conversiones a otros credos, los asesinatos en nombre de un gobierno, los robos para la corona, los desfalcos, o las penalizaciones por situaciones económicas o políticas.

Todas esas acciones producen consecuencias a largo plazo que pueden llegar a escindir a una familia hasta la segunda y tercera generación.

En la misma línea, un suicidio ofenderá hasta la cuarta generación. Esto sucede porque hay lealtades de las que uno no es consciente pero que marcan el rumbo de la vida. Como cuando un individuo se hace cargo de las culpas que les corresponden a familiares que le precedieron, personas a las que el Cliente está unido por el vínculo de sangre aunque no los haya conocido personalmente o no sepa de su existencia.

> A través del Genograma también salen a la luz historias escondidas, historias que se quisieron suprimir o duelos no acabados.

Estos conflictos no resueltos pueden ser historias pasadas que aparecen por problemas de infidelidad, de hijos no reconocidos o desconocidos por la familia primaria que intuyen un vacio y un secreto en la información que se encuentra oculta. Es la carga que lleva un hijo que hereda desde varias generaciones anteriores la historia de pertenecer a esa familia "secundaria" que nunca fue reconocida como "legal" y con derechos a su existencia.

A través del Genograma también salen a la luz historias escondidas, historias que se quisieron suprimir o duelos no acabados. Pueden ser casos de muerte temprana, participación en guerras, culpas, victorias o derrotas, en general son experiencias del grupo familiar y de los individuos que lo componen. Aunque estuvieron ocultas son las que dieron forma a lo que el individuo es y lo que elige para ser y hacer en su vida.

De esta manera, van tomando forma reconocible ciertos mitos familiares. Al salir a la luz el Mentor puede ayudar al cliente a darles lógica y a encontrar historias que son verdaderas pero que al haber sido calladas o ser secretos, quedaron inscriptas en un marco de irrealidad que finalmente confunde.

> Con ayuda del Mentor, le es posible transitar un rumbo propio.

Secretos que fueron enterrados porque quienes se mantuvieron en silencio pensaron que tal vez al guardar la información, lastimarían menos, sin saber que siempre eso es un gran error. De alguna forma todo termina saliendo a la luz. Sólo con el relato del Cliente y el trabajo del Mentor, estos mutilantes secretos cobran vida aunque hayan pertenecido a generaciones en donde el consultante no tuvo conocimiento ni participación en el episodio original.

Al ver desplegado su Genograma, la persona se convierte en un activo lector y relator de su vida y la de sus ancestros. Con ayuda del Mentor le es posible transitar un rumbo propio, no uno basado en actos y pensamientos de compulsión obligatoria producto de la repetición de un mandato familiar oculto. Puede comprender entonces cómo es que se volvió gestor de la historia de sus descendientes para luego evitar en su vida los problemas similares

La comprensión que aporta el Genograma lo ayudará a tomar conciencia y actuar en consecuencia para evitar dejarles a sus hijos esa pesada herencia que él recibió.

Amnesias y Recuerdos

Al comienzo de la sesión del Genograma, Es común que el Cliente diga no tener o no conocer las respuestas a ciertas preguntas o puede pasar que asegure de que nunca las ha sabido ni oído hasta el momento. También puede suceder que, de pronto, se quede con la mente en blanco y llegue hasta olvidarse el nombre o el apellido de sus propios abuelos, padres o tíos.

> **La experiencia demuestra que el Cliente puede reconstruir en su memoria la historia de un abuelo al cual no conoció.**

Al comienzo no es fácil tener que traer al presente temas que se habían dejado de usar (/de saber/) hace rato. Es común que el Cliente pase por un momento de frustración y que piense que no puede llegar más allá que describir superficialmente a su familia nuclear. Sin embargo, con su experiencia, el Mentor guía la indagación mientras va construyendo el Genograma. Es importante entender que para el análisis tiene la misma importancia tanto lo que sucedió "verdaderamente" como lo que son "fantasmas" del Cliente. Lo importante es lo que él siente, lo que imagina, lo que presiente, lo que deduce. Esto es lo terapéutico.

> **Con la ayuda del Mentor, el Cliente adquiere esa profunda comprensión que le facilita re-significar hechos del pasado que tienen vigencia hoy**

La experiencia demuestra que el Cliente puede reconstruir en su memoria la historia de un abuelo al cual no conoció o de parientes lejanos que le trasmitieron un cúmulo de creencias y valores. Realiza sus acciones y construcciones aún sin ser consciente del rol que lo impulsa a generar situaciones casi calcadas a partir de aspectos heredados.

Con la ayuda del Mentor, el Cliente adquiere esa profunda comprensión que le facilita re-significar hechos del pasado que tienen vigencia hoy, o sea, que les da otro significado. De esta forma esos hechos pueden integrarse al sujeto permitiéndole construir su propia individualidad.

Logros y frustraciones

Desde cierto razonamiento lógico, propio del sentido común, no habría razones para que se sucedan reiterados fracasos y se tropiece dos veces con la misma piedra si uno piensa "bueno, ya entendí", "me comprometo a evitar volver a hacerlo"

No obstante, hay otra lógica detrás que opera de manera invisible. Sin una ayuda especializada es muy difícil detectarla y menos que menos desarticularla.

Lo que está detrás de cada scena, lo que ya está escrito en grandes trazos es el guión de sus vidas, luego el Cliente llena con los argumentos.

Estos hilos invisibles que nos dirigen a veces como marionetas son hilos de lealtades, son parte de intrincadas redes de identificación. Aparece la necesidad de querer reparar errores de sus antepasados, pretender terminar proyectos que no fueron llevados a su fin, reivindicar injusticias o pagar culpas de las cuales alguien esquivó oportunamente.

Estos hilos invisibles que lo dirigen a veces como marioneta son hilos de lealtades, son parte de intrincadas redes de identificación.

No son lealtades por la sinrazón o por actos conscientes de reparación. Son actos inconscientes que se generan a través de las historias que le cuentan o las que se callan, de los secretos develados o de los secretos profundos, de las acciones heroicas o de las conductas más abyectas.

¡Todo esto está incluido en la historia familiar, nadie se salva!

> **El Mentor, a través del Genograma, lo organiza de tal modo que el individuo puede reflejarse como en un espejo para pensar y pensarse**

Le sucede tanto a las familias más "patricias" que muchas veces basan su riqueza e "hidalguía" en muertes, rapiñas e incautación de tierras ajenas; como a la familias de inmigrantes en donde algunas de las cuales, después de la primera y segunda guerra mundial, generaron ciertos integrantes "locos de la guerra". Gente a la que les anularon el contrato social como los nazis a los judíos o los británicos a los yugoeslavos que los dejaron sin patria con un pasaporte en donde figuraba la palabra "apátrida" en primer plano.

También les pasa a las familias de los pueblos originarios de cualquier país que enseñaron a sus familiares por generaciones y generaciones a avergonzarse porque su educación y forma de vivir no "cuadraba" con el "pensamiento occidental y cristiano".

Todo esto sigue teniendo vigencia en nuestro tiempo y hoy puede salir a la luz con la asistencia del Genograma.

No es que sale a la luz porque el Cliente no lo conocía sino que ahora se manifiesta porque el Mentor, a través del Genograma, lo organiza de tal modo que el individuo puede reflejarse como en un espejo para pensar y pensarse. Por ejemplo, funciona para entender cómo salir de la trampa de "ser quien come mortadela y eructa caviar", es decir, de quienes están en una mala situación económica o social pero que hipócritamente se creen y muestran como gente pudiente. O darse cuenta de ser aquel que asume permanentemente el "sí señor", en una actitud de sumisión, frente a las personas a las que él considera superiores.

Estas deudas con los ancestros, estos compromisos y facturas atrasadas no están a simple vista pero el individuo de alguna manera se siente impulsado a pagar. Son legados que pueden llegar a malograr toda una vida de trabajo, no importa de dónde venga, ya sea que el Cliente pertenezca a una clase social trabajadora o adinerada.

Vocación y Trabajo

El Genograma, ilustra acerca de cuáles son las fuerzas internas, de cuanto capital emocional él posee o de cuanto entusiasmo puede tener para llegar a ser empresario, profesional, obrero, o empleado. Permite determinar con mucha precisión el porqué de la elección de una carrera, un lugar laboral, y de postre, entender el motivo de muchos fracasos (incluso a veces frente al éxito), con el objetivo de que el individuo al comprenderlo pueda amar lo que hace y profesionalizarlo cada día.

El cuerpo habla

Si todo quedase circunscripto sólo a generar relaciones disfuncionales o a determinar la cantidad de dinero que uno puede ganar, ahorrar o invertir, todo sería más fácil.

Si lo único que importara fuese el refrán que dice que "el dinero va y viene", podría ser fácil entender las barreras que uno tiene y levantarlas o rodearlas sólo con la ayuda de los sistemas de medida como "mucho o poco capital", "reservas", "poder adquisitivo", o "línea de pobreza."

La salida más fácil que uno encuentra es entregar el cuerpo a la medicina y justificar la dolencia debido a situaciones "genéticas" que nadie puede explicar.

Pero cuando la sentencia termina con "lo que importa es la salud", ya es otro cantar.

Lo que no se puede hacer público, exponer y poner en palabras, las dificultades y vicisitudes que no podemos denunciar y que transitan frente a los oídos y a los ojos de los demás, en un momento dado es nuestro inconsciente quien lo termina denunciando, expresando, gritando y manifestando con el cuerpo.

La salida más fácil que uno encuentra es entregar el cuerpo a la medicina y justificar la dolencia debido a situaciones "genéticas" que nadie puede explicar. Con ello la persona se queda tranquila porque la dolencia "ya no es su responsabilidad" sino que ahora se lo deben arreglar "desde afuera" los doctores.

Al ver los hilos del Genograma que lo unen a sus ancestros se puede descubrir que el cuerpo reclama generalmente a partir de enfermedades recurrentes, a tal punto que muchas personas vuelven a repetir síndromes de los antepasados como las muertes prematuras y enfermedades iguales o similares que se dan como necesidad de ser expresadas. Con ellas aparece nuevamente en la persona el signo que muestra la necesidad de identificación y lealtad a la familia.

Síndrome de Aniversario

Existe un aspecto "intangible", inexplicable a veces, de coincidencias que no dependen totalmente de la acción de una persona. Son coincidencias que no se entienden mediante definiciones racionales o científicas, son repeticiones inter-generacionales de determinadas dolencias y situaciones discapacitantes, es un fenómeno en el cual hay repetición de cierto hitos. Situaciones que se vuelven a repetir en fechas claves como las de las muertes involuntarias, las pérdidas, los suicidios, etc. En el Cliente suelen aparecer como acciones que no se relacionan con su hacer o que son de su responsabilidad sino que cree que es un producto de "la casualidad".

Este es un fenómeno al que llamamos "Síndrome de Aniversario". Esto es sólo detectable a partir del Genograma. El trabajo con el Mentor lo ayuda a encontrar una salida a esas repeticiones peligrosas y desgastantes. Así el Cliente puede cortar con ese "destino prefijado" a través de la comprensión, el entendimiento y la acción.

Transgeneracional
e intergeneracional

El Genograma proporciona una visión de la estructura familiar y sus interacciones a partir de las historias vividas desde lo transgeneracional y lo intergeneracional.

Lo transgeneracional da cuenta de los sucesos pasados que le llegan a la persona prácticamente en forma inconsciente. Pasan a su conocimiento a través de relatos y aunque suene paradójico, pasan mucho más profundamente y se sienten más vividos a través de los silencios, los secretos y las ocultaciones.

> **Lo transgeneracional da cuenta de los sucesos pasados.**

Las historias que llegan desde lo intergeneracional tienen que ver con los relatos o decires de familiares contemporáneos, especialmente cuando un padre o una madre elogian o denigran el comportamiento de algún tío, abuelo o hermano. Es ahí cuando el individuo puede identificarse o no a través de los relatos y muchas veces del contacto directo con la parentela.

> **Lo intergeneracional tienen que ver con los relatos o decires de familiares contemporáneos**

En los relatos transgeneracionales, hay situaciones que se idealizan o se condenan, pero cuando la información acerca de este o aquel familiar puede ser confrontada con la realidad, los héroes no son tan héroes, los ricos no son tan ricos, los exitosos pierden más de lo que declaran, los que se apropiaron de lo que otro consideraría "lo ajeno", puede que no sea un acto delictivo sino de reparación.

De cualquier manera estos son elementos de conocimiento y comunicación que alimentan la eficacia de la interpretación del Genograma. De esta manera resulta más fácil descubrir esos lazos invisibles a los que nos referimos anteriormente y gracias a ello, el Cliente tiene cada vez menos miedo de "traicionarlos". Finalmente logra dejar de lado aquellas directivas que le marcaron un patrón de conducta perteneciente a su familia.

Estructural y funcional

Para ir acercándonos a la comprensión práctica de los conceptos hasta ahora vertidos, es importante aclarar que la construcción del Genograma se basa en dos pilares, lo Estructural y lo Funcional.

Lo Estructural representa la arquitectura o la anatomía familiar: sus miembros, las enfermedades o factores de riesgo, las situaciones laborales, los vivos y los fallecidos, las edades actuales, las edades a la hora de las defunciones, las tareas, los trabajos, las migraciones, las guerras vividas, las estafas entre hermanos, etc.

> Lo Estructural representa la arquitectura o la anatomía familiar.

En una primera instancia lo datos se recogerán a partir de lo que el Cliente exprese. Primero se registrarán hermanos, lugar ocupado respecto del mayor de ellos,

los abortos de sus padres, hermanos muertos antes y/o después del nacimiento. Se especificarán el cónyuge o los cónyuges en caso de viudez o separaciones, la cantidad de hijos, primeros, segundos o terceros matrimonios, hermanastros e hijos extraconyugales.

En la confección se busca agregar información acerca de terceras o cuartas generaciones, lugares de nacimiento, cercanías de fechas históricas, participación voluntaria o involuntaria que les tocó en las distintas guerras, campos de refugiados, violadores o violados, ladrones o robados, estafadores o estafados.

> **Lo funcional aporta la visión dinámica porque indica las interacciones.**

Lo funcional aporta la visión dinámica porque indica las interacciones entre los miembros de la familia como las rupturas, alianzas, desapariciones, rigideces, robos o prepotencias.

Se registran también las relaciones familiares, las laborales y las corporales del cliente. Es importante salir del enfoque tradicional que logra ver la disfuncionalidad sólo a través de los síntomas.

Del mismo modo deben identificarse los intentos de ayuda que realizan los familiares sobre el problema del consultante cuando este padece, por ejemplo, de enfermedades crónicas o de dependencia a substancias. También hay que tener en cuenta cuando esa ayuda familiar no existe para poder aportar sosten.

Construir un Genograma no es solo dibujar cuadraditos, círculos y líneas.

Confección de un Genograma

Datos a Registrar

INFORMACIÓN DEL CONSULTANTE

Todos los nombres que le hayan puesto sus padres;

Edad, fecha de nacimiento, lugar donde nació;

Estudios, hasta donde haya llegado;

Estado civil, cantidad de matrimonios y nombre de sus eventuales cónyuges;

Cantidad y nombre de cada uno de sus hijos, e hijos extraconyugales;

Cantidad de hermanos y su ubicación como hijo, edades y estudios de todos;

Nombre y apellido del padre y de la madre, edades y estudios;

Estado civil de los padres, otras parejas de los padres antes y después de su nacimiento. Abortos.

INFORMACIÓN DEMOGRÁFICA

Tomar datos de todo lo que el consultante recuerde de sus abuelos, tíos abuelos, bisabuelos, edades aproximadas, fecha de nacimiento y muerte si recuerda el dato específico o algún dato indicativo, ocupaciones de los antepasados, estado civil, nivel educacional, inserción laboral, y cambios de trabajo.

INFORMACIÓN SOBRE EL FUNCIONAMIENTO DE RELACIONES INTERFAMILIARES

Emociones y comportamientos de distintos miembros de la familia referidos a las actividades laborales, educativas, manejo del dinero y la toma de decisiones, celos, envidias, resentimientos, acusaciones, gratitudes y solidaridad.

INFORMACIÓN SOBRE SUCESOS FAMILIARES CRÍTICOS Y REACCIÓN DE LOS DISTINTOS INTEGRANTES DE LA FAMILIA

Transiciones importantes, cambio de relaciones, migraciones, fracasos y éxitos, cambios de trabajo y/o de carrera y/o de actividad, cambio de parejas. Debilidades y recursos que le impacten de sus familiares.

Ernesto Beibe

Representación gráfica

Para construir un Genograma, se utiliza un sistema gráfico donde se representa la estructura familiar.

REPRESENTACIÓN
DEL CLIENTE/A:

Cliente Clienta

NOTACIÓN DE LOS SEXOS
Y CONTEMPORANEIDAD:

Hombre Mujer Los conoció antes de morir Murieron antes de conocerse

DESCENDIENTES:

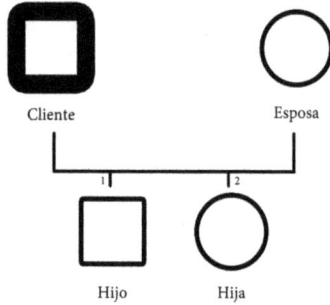

Cliente   Esposa

Hijo   Hija

PADRES, HERMANOS Y LA UBICACIÓN EN LA FAMILIA:

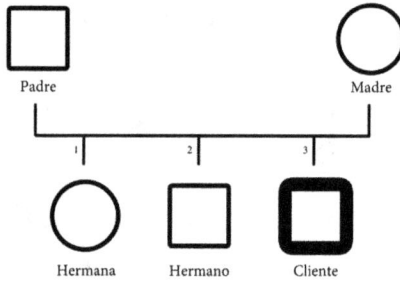

Padre   Madre

Hermana   Hermano   Cliente

LA IMPORTANCIA DEL ABORTO. HAY UN CORRIMIENTO DE LUGARES:

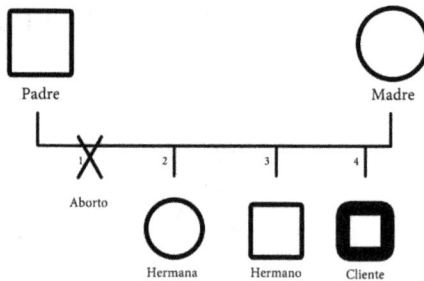

Padre   Madre

Aborto

Hermana   Hermano   Cliente

Ernesto Beibe

SE COMPLETA LA RESEÑA FAMILIAR:

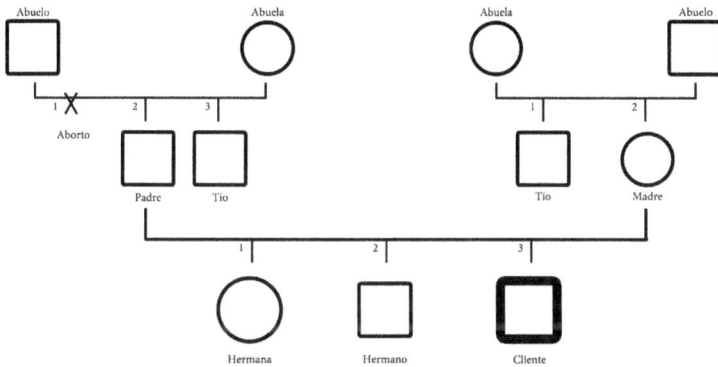

A continuación se inscriben los datos e informaciones sobre los integrantes de la familia. Se incluyen las muertes por vejez, las muertes prematuras, los abortos, los suicidios. Estos últimos van a configurar un camino especial en el tratamiento de los duelos en esta familia.

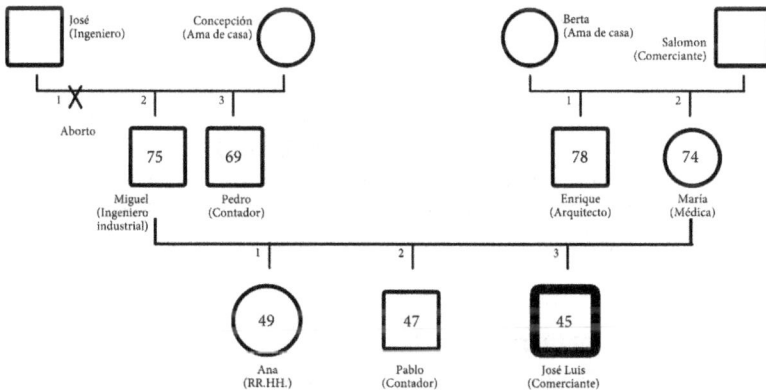

Luego se trazan los lazos emocionales entre los miembros de la familia, aun con familiares desconocidos, en una ruta de identificaciones, vergüenzas, éxitos, fracasos, violencia y cuidado. Se inscriben todas las gamas de las relaciones entre personas y en especial entre los miembros de la familia particular que estamos graficando.

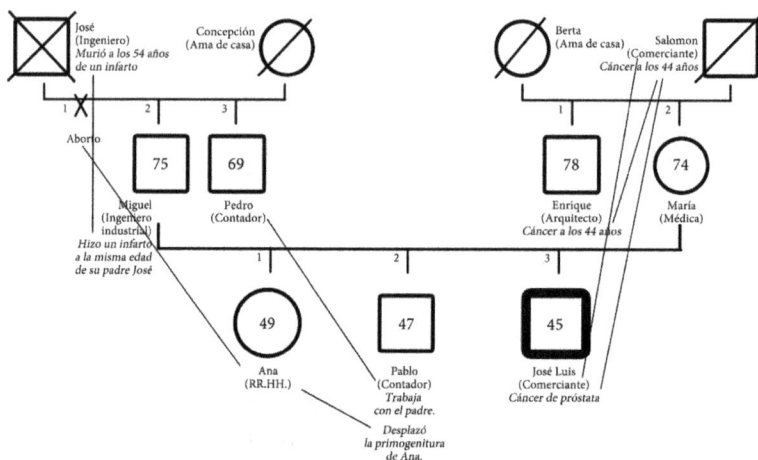

A medida que se arma el Genograma la persona va conociéndose más y el Mentor comprende su historia y sus relaciones con el medio.

El Mentor puede ayudarlo y plantear una prognosis, es decir, poner en evidencia lo que pasó con el Cliente en el pasado para poder prevenir, resolver y cicatrizar situaciones con el objetivo de que pueda tener una vida mejor en el futuro.

El Mentor a través del Genograma va a buscar la mejor manera para que este Cliente especial, único e individual, encuentre su camino de bien vivir.

El Lenguaje de los Órganos

Desde hace cientos de miles de años, nosotros, los seres vivos, somos organismos que estamos preparados para adaptarnos al medio. Esto es posible ya que en todo este tiempo no hemos cambiado en forma estructural.

> Esta relación con lo que nos rodea es la que formalizamos siempre a través de tres órganos o sistemas fundamentales: la piel, el aparato digestivo y los pulmones.

Pero así como nuestro cambio no es en realidad tan profundo, la realidad es que también fuimos pasando por innumerables sistemas de relaciones y formas de relacionarnos que nos han llevado a adaptarnos al medio que nos ha tocado vivir.

Es decir que en primera instancia, somos seres biológicos y como cualquiera que pertenezca a esta especie pasamos por las mismas etapas: nacemos, nos desarrollarnos y morimos.

Para que podamos desarrollarnos debemos mantenernos vivos y para ello es imperante que podamos interactuar permanentemente con el medio.

Esta relación con lo que nos rodea es la que formalizamos siempre a través de tres órganos o sistemas fundamentales: la piel, el aparato digestivo y los pulmones.

Cada uno tiene su lugar y objetivo. Si alguno de estos órganos no actúa para lo que está destinado no nos permitirá crecer, reproducirnos, ni adaptarnos al medio ambiente.

Por ejemplo, cuando la piel registra el frio o el calor, organiza nuestra forma de vestir, nos abrigamos en invierno o nos destapamos en verano. De esta manera, logramos mantener el cuerpo a una temperatura homogénea. Si la temperatura se desequilibra, dará pie a un ataque de microorganismos bacterianos que producirán resfríos o gripes.

Esto podría entrañar un peligro para la supervivencia puesto que estas bacterias podrían conseguir desarrollarse hasta llegar a desatar una neumonía.

El segundo sistema es el aparato digestivo, quien se encarga de masticar y tragar. A partir de los distintos alimentos, elabora sustancias que se convertirán en las proteínas y las vitaminas necesarias para el desarrollo del metabolismo corporal y al mismo tiempo son quienes proveerán energía a las células de todos los demás órganos y sistemas.

Finalmente, el sistema respiratorio es el que interacciona con el ambiente. Él recibe el oxígeno que luego funciona como combustible para muchas células -especialmente para nutrir a las neuronas del cerebro- y el que luego exhala y saca del cuerpo al anhídrido carbónico.

Si cualquiera de estos tres sistemas no funciona como es debido afectará a muchos órganos. No estamos hablando de la disfunción que se da por malformaciones genéticas o accidentes, sino que este mal funcionamiento aparece debido a causas inconscientes muy profundas.

Son motivos que suelen atacar a las tres vías de intercambio con el medio y que afectan muchos órganos del cuerpo humano encaminándolos a la no salud.

> Al comprender la etiología y la razón de ello, el Mentor buscará junto a su Cliente las causas por el cual se generan estos inconvenientes y disfunciones, para luegopoder neutralizarlos.

Este ataque que el ser humano se produce a sí mismo está motorizado por un inconsciente que le pertenece a ese mismo cuerpo.

Al comprender la etiología y la razón de ello, el Mentor buscará junto a su Cliente las causas por el cual se generan estos inconvenientes y disfunciones, para luego poder neutralizarlos.

Un camino al que se llegará no desde los síntomas sino desde el mismo corazón del problema.

Para darle su lugar de protagonismo correspondiente es necesario entender que los demás órganos internos del hombre se nutren de una energía vital para poder funcionar, especialmente para desarrollarse y metabolizar lo recibido del afuera y esto sólo lo puede hacer a través de los tres sistemas fundamentales para el intercambio con el medio.

El cuerpo habla

Cuando los miedos, los odios, las vergüenzas, las debilidades, el estrés o las indignidades no se pueden expresar a través de la palabra, el individuo se expresa gritando a través del cuerpo.

> La mayoría de las veces nos encontramos que los síntomas que se manifiestan son frutos de violencia contenida dirigida hacia adentro.

Las enfermedades que así se manifiestan indican que algo está fallando: la conducta, las relaciones personales, las sociales y o las empresariales.

El cuerpo es el espacio, es la casa en donde se dramatizan las situaciones cotidianas que no se pueden elaborar, es el espacio para los secretos que no se pueden contar, el receptáculo de las situaciones que parecen sin salida. Nuestro cuerpo alberga mitos familiares y al mismo tiempo nos relata las historias de nuestros antepasados.

> El cuerpo es el espacio, es la casa en donde se dramatizan las situaciones cotidianas que no se pueden elaborar.

Cuando ciertos órganos funcionan mal el cuerpo nos está poniendo en una situación de alerta. Este mal funcionamiento pone de manifiesto en forma de alerta ciertas situaciones que hemos vivido, que estamos viviendo o que nos disponemos a transitar.

Es tarea del Mentor transmitir al Cliente las causas por las que genera esa dosis masiva de violencia contra sí mismo que suelen representarse con migrañas, dolores de espalda, mal funcionamiento del tracto digestivo, alta presión sanguínea, herpes e incluso cáncer.

Ernesto Beibe

El Mentor conoce perfectamente cómo funciona cada órgano del cuerpo humano ya que tienen un idioma fácilmente comprensible en función de cada síntoma.

No es necesario ser médico para conocer este lenguaje. Estos conocimientos no son médicos sino que están al alcance de cualquiera con la bibliografía adecuada.

Es tarea del Mentor transmitir al Cliente las causas por las que genera esa dosis masiva de violencia contra sí mismo.

Para comenzar, el Mentor enseña al Cliente cómo funciona su cuerpo, lo ayuda a comprender su anatomía y el funcionamiento fisiológico, porque son contadas las personas que conocen donde se ubica cada órgano y las funciones propias del mismo.

Básicamente es una labor docente porque hay quienes pueden mirar su cuerpo reflejado en un espejo pero jamás se le ocurriría "mirarse por dentro".

El trabajo del Mentor es una labor re-constitutiva de los tejidos psíquicos y relacionales, y posibilita generar pasos estratégicos para lograr cambios concretos y acertados para modificar hábitos.

Usualmente las personas no tienen conciencia de su enfermedad. Por lo general, los sentimientos de tristeza, los de lástima por sí mismos o las depresiones denuncian duelos no elaborados. La mayoría de las veces, el Mentor encuentra que los síntomas que manifiesta el Cliente son fruto de una violencia contenida dirigida hacia adentro.

El trabajo del Mentor es una labor re-constitutiva de los tejidos psíquicos y relacionales, y además abre la posibilidad de un espacio en donde se generan pasos estratégicos para lograr cambios concretos y acertados para modificar hábitos.

El punto es poder dejar atrás la desesperanza, poder elaborar las pérdidas o encontrar cómo darle curso a la violencia.

El objetivo será comenzar a vivir una vida con mayor plenitud en el área relacional, laboral y corporal.

Dolores de cabeza o migrañas

Los dolores de cabeza o las migrañas son manifestaciones de situaciones de gran irritación y violencia. Cuando se sufre de ello, en general, es imposible pensar y relacionarse. La consecuencia se traduce en la dificultad en la comunicación de uno hacia los demás y de los demás hacia uno.

> **Los dolores de cabeza o las migrañas son manifestaciones de situaciones de gran irritación y violencia.**

Cuando a un individuo le "hierve" la cabeza, es por un síntoma provocado a raíz de la exigencia por cumplir con una gran cantidad de cosas que debe hacer. En estos casos lo más probable es que opte por la primera idea que le viene a la mente, en consecuencia es muy posible que pueda llegar a "darse la cabeza contra una pared".

En general esta migraña o cefalea la sufre quien quiere abarcar mucho y hacer todo a su manera. La persona con síntomas recurrentes de dolor de cabeza suele tener una intensa presión por el rendimiento, con exigencias excesivas y gran orgullo; es generalmente un perfeccionista.

Ernesto Beibe

Siente que "se le parte la cabeza" si no cumple con todo aquel ideal que se propuso. Padece de una necesidad y una demanda de ayuda que no puede percibir porque sufre de una gran brecha casi imposible de superar entre su pensamiento y su sentimiento.

Esto es así porque el dolor de cabeza representa un conflicto entre el instinto y el pensamiento.

> La persona con síntomas recurrentes de dolor de cabeza suele tener una intensa presión por el rendimiento.

Este dolor le permite al "doliente" apartarse de la gente mientras penetra en un círculo vicioso porque cuanto más aislado queda, menos posibilidad tiene de pedir ayuda. Al no poder comunicarse sufre de dudas que lo paralizan porque no puede tomar decisiones.

Por otro lado, si algo irresuelto le provoca violencia, o alguien con más poder le obliga a hacer cosas que le irritan y lastiman, en muchos casos el individuo se "desquita con la familia".

Es común escuchar: "No hagan ruido porque a papá le duele la cabeza, bajen las persianas porque le molesta la luz, no le hablen, no le pidan nada porque pobre, cómo sufre".

> Hace sufrir a todos los que están alrededor porque tienen que moverse al ritmo de su debilidad, porque no puede enfrentar las situaciones dónde y con quién corresponde.

En realidad, hace sufrir a todos los que están alrededor porque tienen que moverse al ritmo de su debilidad, esto sucede porque no puede enfrentar las situaciones en dónde y con quién corresponde.

Obviamente esto tiene soluciones que van más allá de los medicamentos, son soluciones desde la estructura.

El Mentor ayuda a que el Cliente comience a comprender qué es lo que le está produciendo este sistema de presiones desde adentro, desde lo más profundo de su ser.

El Mentor ayuda a que el Cliente comience a comprender qué es lo que le está produciendo este sistema de presiones desde adentro.

Tiene que entender qué es lo que le sucede con la impaciencia, con la auto-exigencia y la auto-valoración. Cuáles son las culpas irresueltas que lo atan al pasado y que todavía están vigentes en su inconsciente. Cuál es el sistema de lealtades que lo hacen vivir situaciones de indignidad y dependencia. A partir de allí podrá descubrir cómo puede ubicarse en lo social, en lo familiar y en lo laboral con gozo, sin sufrir dolores y con plenitud.

Las siguientes frases acerca de la cabeza nos muestran la profunda raigambre de los mitos populares en nuestras vidas:

"Estoy de la nuca"

"Contra la pereza, un buen golpe en la cabeza"

"Tan tarde llegó el sombrero que no encontró cabeza"

"Tener pajaritos en la cabeza"

"En el mundo, de cada diez cabezas, nueve embisten y una piensa"

"Tener la cabeza hecha un bombo"

"Tener dos dedos de frente"

"No me entra en la cabeza".

Situaciones indigeribles

La digestión abarca el contacto con el mundo externo a través de la incorporación de alimento.

Muchos elementos de la naturaleza son captados por nuestro cuerpo cuando comenzamos el acto de comer o de beber.

Al ingerir diferenciamos lo que es asimilable del mundo exterior de lo que no lo es. Al mismo tiempo nuestro cuerpo asimila y da forma a este mundo. Por ejemplo un conejo que come zanahoria convierte a la zanahoria en conejo.

En el momento en que nos alimentamos también está implícita la expulsión de lo que no es digerible. La problemática de los trastornos digestivos es muy extensa y comprende varias funciones y órganos.

> La digestión abarca el contacto con el mundo externo a través de la incorporación de alimento.

Vamos a detenernos a entender qué pasa con los dientes, con el tragar, con las náuseas, los vómitos, con el estómago, con los intestinos, con el páncreas y con el hígado.

Masticar y Tragar

La digestión comienza con los dientes, es el primer contacto con los alimentos porque los dientes son los que trituran.

Con los dientes mordemos y masticamos, deshacemos y desgarramos. Morder es un acto agresivo, un acto de agarrar, sujetar y atacar.

Cuando el Mentor nota que el Cliente posee una mala dentadura, está prácticamente seguro acerca de las dificultades que tiene ese individuo en manifestar su agresión. Quien tiene una mala dentadura es porque carece de la vitalidad y de la capacidad de clavarle el diente a un problema, por lo tanto todo le resultará difícil de tragar.

> Cuando el Mentor nota que el Cliente posee una mala dentadura, está prácticamente seguro acerca de las dificultades que tiene ese individuo en manifestar su agresión.

Las encías son la base de los dientes y representan también la base del vigor, de la confianza y de la seguridad en sí mismo.

El Mentor trabaja con este tipo de persona y la ayuda a formar la seguridad necesaria para que pueda afrontar sus problemas de forma activa y vital.

Es importante hacerle comprender al Cliente que la sangre es el símbolo de la vida. Con esta compresión del Cliente ayudaremos al odontólogo a tratarle las encías sensibles, esas que sangran con facilidad. Esto sucederá cuando el Cliente entienda que la encía que sangra se manifiesta como el símbolo de que ante la menor contrariedad se le va la vida, la confianza y la seguridad en sí mismo.

> La encía que sangra se manifiesta como el símbolo de que ante la menor contrariedad se le va la vida.

Conocemos varias frases arraigadas acerca de los dientes:

"Enseñar los dientes"

"A pan duro, diente agudo"

"No hay quien le meta el diente"

"Antes son mis dientes que mis parientes"

"Hincar el diente".

La digestión continúa al tragar, mientras trituramos los alimentos vamos agregando saliva para tragar. Al tragar integramos. Integrar es incorporar.

Los trozos grandes son difíciles y hasta imposibles de tragar y es así como en la vida muchas veces uno tiene que tragar algo contra su voluntad. Por ejemplo cuando hay malas noticias que son difíciles de incorporar.

Generalmente quien "traga" alcohol es porque en su vida hay otras cosas que no puede ni quiere tragar.

Habitualmente el Mentor escucha quejas acerca de "nudos" en la garganta o de ciertas anginas que le producen al Cliente la sensación de no poder tragar.

En estas situaciones el Mentor lo motivará a preguntarse ¿qué hay actualmente en mi vida que yo no puedo o no quiero tragar?

Algunas frases populares acerca de la garganta son:

"En boca cerrada no entran moscas"

"Tengo un nudo en la garganta"

"Garganta profunda"

"A ese no lo trago".

Naúseas y Vómitos

Hay alimentos que una vez tragados pueden resultar indigestos, como si tuviéramos una piedra en el estomago. Lo mismo sucede con algunas situaciones que vivimos. La piedra en el estómago es claramente el símbolo del problema.

> El vómito es una expresión categórica de defensa y repudio. Vomitar es no aceptar.

Por otra parte, el apetito depende en gran medida de una situación psíquica determinada. En el saber popular hay metáforas que señalan esta analogía entre procesos psíquicos y somáticos:

"Eso me ha quitado el apetito"

"De sólo pensarlo me da nauseas"

"Se me revuelve el estómago, me marea".

Cuando uno no quiere asimilar ciertas cosas las rechaza directamente, quiere liberarse de ellas, las vomita. El vómito es una expresión categórica de defensa y repudio. Vomitar es no aceptar.

El termino náusea proviene de nave, era la "enfermedad de los marineros", se manifestaba cuando sentían que iban a la deriva sin un rumbo fijo.

La palabra "mareo" también tiene la misma acepción, pues viene de mar y frecuentemente se da en personas que no pueden fijarse una meta, como los navíos sin rumbo, y sienten que están a merced de ciertas fuerzas que no pueden dominar.

> Ayudarlo a encontrar un sentido, pasar por la razón, encontrarle gusto a la vida, la pizca de sal, es la función y la meta del Mentor para que no se resigne a vivir con sufrimiento.

El Mentor instruye al Cliente para que pueda vislumbrar estos procesos de protesta del cuerpo. Hasta que no pueda expresar oralmente todas esas emociones el Cliente los seguirá padeciendo. Seguirá inmerso en esos malos tragos y amarguras que genera su diario vivir.

Ayudarlo a encontrar un sentido, pasar por la razón, encontrarle gusto a la vida, la pizca de sal, es la función y la meta del Mentor para que no se resigne a vivir con sufrimiento.

Del saber popular tomamos este chiste anónimo:

Dos borrachos despidiéndose:

- Bueno, ahora voy a jugar al exorcista con mi esposa.

- ¿Y eso cómo es?

- Mientras ella me sermonea, yo vomito.

Estómago

La digestión continúa una vez que la comida pasa al estómago. Es el momento en que comienza la modificación del alimento a través de movimientos musculares y de su mezcla con potentes ácidos, enzimas digestivas y hormonas.

De esta manera se modifican grandes cantidades de alimento que se van transformando en partículas pequeñas para que puedan ser absorbidas y asimiladas por nuestro cuerpo.

Las personas que tienen problemas de estómago, usualmente tienen severas dificultades para recibir y asimilar lo nuevo.

Las personas que tienen problemas de estómago, usualmente tienen severas dificultades para recibir y asimilar lo nuevo.

En general las dificultades estomacales están relacionadas con miedos y terrores y se manifiestan, por ejemplo, cuando dicen que sienten un "peso en el estómago" o un "nudo en la boca del estomago".

Lo que en realidad sucede es que el individuo produce más ácido de lo que necesita y esto generalmente se puede ver en personas amargadas, que se "se comen vivas". Son quienes dicen permanentemente:

Quien sufre dolencias en el estómago generalmente no exterioriza su agresividad (se la traga) o por el contrario, demuestra una agresividad exagerada.

"La acidez me mata"

"Se me revuelve el estómago".

Son las personas que se tragan el mal humor. Su agresividad y amargura se somatizan y convierten en ácidos estomacales. Carecen de la capacidad para enfrentarse conscientemente con su mal humor y su agresividad para resolver de forma responsable sus conflictos y problemas.

Quien sufre dolencias en el estómago generalmente no exterioriza su agresividad (se la traga) o por el contrario, demuestra una agresividad exagerada, pero ni un extremo ni el otro lo ayudan a resolver el problema realmente.

Son personas que carecen de confianza y seguridad en sí mismas, dos ejes indispensables para que el individuo resuelva sus problemas en forma efectiva y eficiente, y con el menor gasto psíquico necesario.

> **La úlcera es una llaga que se forma en la pared del estómago. En lugar de digerir las impresiones del exterior, el enfermo de úlcera digiere su propio estómago.**

Quien sufre del estómago también es una persona que rehúye a los conflictos, la úlcera de estómago es provocada por una actitud básica de proyectar los sentimientos y la agresividad hacia adentro, contra uno mismo, en vez de hacia afuera.

La úlcera es una llaga que se forma en la pared del estómago. En lugar de digerir las impresiones del exterior, el enfermo de úlcera digiere su propio estómago.

Otros dichos populares acerca del estómago son: "Hay que tener estómago", "Quedé de ombligo parado", "Tengo una piedra en el estómago".

Páncreas

El páncreas forma parte del aparato digestivo y tiene dos funciones principales: la producción de los jugos gástricos esenciales por un lado, que tienen un carácter eminentemente agresivo, y la endócrina mediante la cual el páncreas produce la insulina, por el otro.

El déficit de producción de estas células da lugar a una afección muy frecuente: la diabetes o azúcar en la sangre. Por eso el páncreas representa la dulzura de la vida.

La persona que enferma de su páncreas está representando el enfado y la frustración porque siente que la vida ha perdido su dulzura.

La diabetes se manifiesta como una nostalgia de lo que pudo haber sido. Como una gran necesidad de controlar una tristeza profunda de pérdida.

El diabético, por falta de insulina, no puede asimilar el azúcar contenido en los alimentos porque el azúcar se le escapa de su cuerpo a través de la orina.

Está probado que las cosas dulces suelen ser un sucedáneo de otras dulzuras. Detrás del deseo del diabético, de saborear cosas dulces y su incapacidad para asimilar el azúcar y almacenarlo en las propias células, está el afán de ser querido y reconocido.

La diabetes produce que el cuerpo se avinagre, se fermente e incluso puede provocar un coma. Estos ácidos generados son el símbolo de la agresividad.

Ernesto Beibe

El cuerpo nos enseña que el que no ama se pone "agrio" o formulado más claramente, el que no sabe disfrutar se vuelve insoportable.

El diabético quiere amor (cosas dulces), pero no se atreve a buscarlo activamente: "a mí lo dulce no me conviene", sin embargo es lo que más desea "qué más quisiera, pero no puedo".

No puede recibir, puesto que no aprendió a dar, y por lo tanto no retiene el amor en el cuerpo: no asimila el azúcar y la expulsa.

El trabajo con el Mentor es fundamental puesto que sólo al sustituir la palabra azúcar por la palabra amor el Cliente podrá comenzar a plantearse una alternativa a su enfermedad.

Hígado

El hígado es el órgano de la administración.

Históricamente se le atribuyó la función de ser la sede de la rabia y de las emociones primitivas. Los que sufren del hígado tienen como característica el hábito recurrente de quejarse. Justifican las críticas para auto-engañarse, para sentirse mal.

> Los que sufren del hígado tienen como característica el hábito recurrente de quejarse.

En general son personas con resistencia al cambio, con miedo, con ira y con odio. Son muy orgullosas, viven con amargura, con pensamientos rígidos y juicios condenatorios.

Los trastornos y las afecciones del hígado se manifiestan señalando una clasificación errónea de lo que es beneficioso y de lo que es perjudicial. Así, el cuerpo termina sin saber si está consumiendo alimento o veneno ya que la capacidad del hígado para desintoxicar presupone la facultad de poder diferenciar y poder valorar lo toxico de lo que no lo es.

Un hígado enfermo indica que el individuo ingiere con exceso algo que supera su capacidad de procesar, denota falta de moderación, exageradas ansias de expansión e ideales demasiado ambiciosos.

Pero no todas son malas noticias: es el único órgano capaz de autogenerarse.

El trabajo del Mentor con el Cliente es ayudarle a aprender a tomar conciencia de sus sentimientos, de afrontar conscientemente los conflictos que van apareciendo para poder digerir y administrarse.

Es importante que el Cliente pueda responderse algunas de estas preguntas que le plantea el Mentor:

- ¿En qué órdenes he perdido la facultad de valorar con precisión?

- ¿Cuándo soy incapaz de distinguir entre lo que puedo asimilar y lo que es "tóxico" para mí?

Ernesto Beibe

- ¿Cuándo he sido incapaz de moderarme?

- ¿Cuándo he tratado de volar demasiado alto, cuándo "me he pasado"?

Quien supo entender claramente parte de esta problemática fue el escritor chileno Pablo Neruda en su poema "Oda al hígado":

"Modesto, organizado, amigo, trabajador, profundo, déjame darte el ala de mi canto, el golpe de aire, (...). Mientras el corazón suena y atrae la partitura de la mandolina, allí adentro tú filtras y repartes, separas y divides, multiplicas y engrasas, subes y recoges los hilos y los gramos de la vida, los últimos licores, las íntimas esencias (...) te canto y temo como si fueras juez, metro, fiel implacable, y si no puedo entregarme amarrado a la pureza, si el excesivo manjar o el vino hereditario de mi patria pretendieron perturbar mi salud o el equilibrio de mi poesía, de ti, monarca oscuro, distribuidor de mieles y venenos, regulador de sales, de ti espero justicia: ¡Amo la vida: Cúmpleme! ¡Trabaja! No detengas mi canto!".

Intestino delgado e Intestino grueso

La función principal del intestino delgado es la absorción de los nutrientes para que los alimentos se descompongan en elementos más sencillos.

> Son aquellos que tienen siempre algo que decir.

Es interesante el parecido que existe entre el intestino delgado y el cerebro. Ambos tienen una misión similar: el cerebro digiere las impresiones en el plano mental y el intestino digiere las sustancias materiales.

La función característica del intestino delgado es el análisis, la división y el detalle.

Las personas con afecciones del intestino delgado suelen tender a un exceso de análisis y crítica, son aquellos que tienen siempre algo que decir. Esto sucede porque la función característica del intestino delgado es el análisis, la división y el detalle.

Uno de los síntomas que se da más frecuentemente en la zona del intestino delgado es la diarrea. Vulgarmente se dice "Ése se caga de miedo" o "Se hace en los pantalones".

Las personas que se "atacan" el intestino grueso habitualmente lo hacen por temor de liberar lo viejo, lo que ya no necesitan.

Cagarse significa tener miedo y la diarrea es una manifestación de la angustia.

El que tiene miedo no se entretiene en analizar las impresiones sino que "las suelta" sin digerir porque no puede dejar que las cosas sigan su curso. Pierde mucho líquido y ese líquido necesario es el que simboliza su flexibilidad.

El intestino grueso recibe también el nombre de colon.

Las personas que se "atacan" el intestino grueso habitualmente lo hacen por temor de liberar lo viejo, lo que ya no necesitan. Viven con inseguridad, tienen dificultad para dejar ir y decirle adiós a lo que ya está superado.

Últimamente está de moda el llamado "colon irritable" y no es más que el temor a relajarse y sentirse inseguro.

Por lo general estas personas acumulan pensamientos antiguos y confusos que obstruyen el canal de eliminación. Se revuelcan en el fango del pasado ya que en el intestino grueso la digestión ya ha terminado.

> Está de moda el llamado "colon irritable" y no es más que el temor a relajarse y sentirse inseguro.

Aquí lo único que se hace es extraer el agua del resto de los alimentos indigestibles.

La afección más generalizada que se produce en esta zona es el estreñimiento.

Hay una relación simbólica entre el excremento y el dinero o entre defecar y dar. Estreñimiento es la expresión de la resistencia a dar, del afán de retener y está relacionado con la problemática de la avaricia.

Es un síntoma muy extendido que muchos padecen e indica claramente una exagerada necesidad de aferrarse a lo material así como la incapacidad de ceder.

Ante los problemas digestivos, el Mentor suele proponer al Cliente las siguientes preguntas:

- ¿Qué es lo que no puedo o no quiero tragar?

- ¿Por qué me consumo interiormente?

- ¿Cómo manejo mis sentimientos?

- ¿Qué me amarga?

- ¿Cómo manifiesto mi agresividad?

- ¿En qué medida huyo de los conflictos?

- ¿Qué me asusta?

- ¿Qué necesito retener?

La Piel

La piel es el comienzo del ser vivo. Al comienzo somos sólo piel. Se crece de afuera para dentro.

El feto humano comienza a armar su interior desde la piel. Luego los huesos, los órganos, las uñas y los ojos. Al nacer muchos de los órganos siguen cubiertos por piel, por ejemplo, la meninge es una piel que cubre el cerebro y lo protege.

La piel tiene dos funciones básicas: protección y transmisión.

Como la vamos conociendo por partes no sabemos que en todo su desarrollo puede ocupar aproximadamente dos metros cuadrados.

La piel es un órgano en constante renovación, es mucho más que un simple envoltorio, y adquiere además distintas texturas como la de las uñas que son también piel o la cornea de los ojos que es el mismo material.

La piel tiene dos funciones básicas: protección y transmisión.

PROTECCIÓN

La piel protege al cuerpo de los ataques mecánicos, físicos, químicos o microbianos que vienen desde el exterior.

Cierra heridas donde podrían entrar bacterias, donde hay pinchazos, arañazos, y hasta traumas mayores. Tiene una inmensa capacidad de recuperarse y regenerarse.

Por eso se convierte en una barrera inmunológica que defiende al organismo.

TRANSMISIÓN

La piel es una fuente de placer y a la vez una receptora de dolor.

Tiene la cualidad de transmitir información entre el cerebro y el mundo porque está conectada a través de sus múltiples terminaciones nerviosas que reciben estímulos a través del tacto, el contacto, la presión, el dolor y la temperatura. Por esas mismas vías reacciona también a esos estímulos.

> En este lugar de los intercambios con el medio ambiente, la piel denuncia cuando hay trastornos por el mal desempeño de los órganos.

En este sistema de búsqueda de equilibrio con el medio tiene la posibilidad de avisar acerca del frio o del calor para que la persona se abrigue o desnude, al mismo tiempo que puede eliminar el calor evaporando sudor y regulando la temperatura corporal.

En este lugar de los intercambios con el medio ambiente, la piel denuncia cuando hay trastornos por el mal desempeño de los órganos. Por ejemplo, cuando se presenta una hepatitis en el hígado la piel adquiere una coloración amarillenta. También toma otro color, se enrojece y cambia su textura frente a la reacción a determinados medicamentos, por intoxicación, o por una excesiva exposición solar.

Denuncia también emociones internas, estados de ánimo y situaciones inconscientes.

Se manifiesta a través de dermatitis de contacto, prurito, acné, psoriasis, eczema, vitíligo, verrugas, carcinomas, forúnculos o impétigo.

Denuncia también emociones internas, estados de ánimo y situaciones inconscientes. Si el Cliente es guiado por el Mentor podrá comprender los síntomas, concientizarlos y buscar soluciones, porque no alcanza con mirarse en el espejo para darse cuenta que algo no está funcionando equilibradamente, se necesita que alguien le ayude a "leer" estas señales.

Si el Cliente toma en cuenta los avisos cuando los percibe podrá modificar estas sensaciones de que "algo no va bien".

Esto se dará siempre y cuando la persona quiera o pueda hacerlo, porque si no siente una verdadera necesidad de cambio toda intervención externa estará destinada al fracaso.

Con la piel nos rozamos y establecemos contacto unos con otros. El contacto, puede ser tanto un puñetazo como una caricia. La piel puede romperse desde el interior (por una inflamación, erupción o absceso)

Ernesto Beibe

o desde el exterior (una herida o una operación). En ambos casos, nuestra frontera es atacada.

Todo lo que acontece en la piel (manchas, tumefacción, inflamación, granitos y abscesos) y el lugar en donde aparecen no es casual sino que es una indicación o señalamiento de que existe otro proceso interno.

> Las diversas manifestaciones en la piel giran en torno a un tema común que oscila entre los dos polos de "separación y contacto" o de "aceptación y rechazo".

Es en el interior donde los síntomas se decodifican y se convierten en "avisos" que se manifiestan en el "afuera". Por eso quienes creen que las cremas externas, las lociones, las aplicaciones electrónicas y los masajes les van a resolver los problemas internos están errados y terminarán inexorablemente en el fracaso.

Los miedos o la parálisis psicológica como la vergüenza, el miedo al rechazo, la angustia, la ansiedad, la sensación de amenaza, la necesidad de contacto, la sensación de enfermedad real o imaginaria, los miedos antiguos, los transmitidos transgeneracionalmente, los duelos recientes o los patológicamente estirados en el tiempo, la imposibilidad de actuar plásticamente adaptándose al medio y las culpas no resueltas, activan disfunciones de los órganos que son denunciados generalmente a través de la piel y se exteriorizan como si ésta fuera una pantalla de proyección.

Las diversas manifestaciones en la piel giran en torno a un tema común que oscila entre los dos polos de "separación y contacto" o de "aceptación y rechazo".

Si el Mentor lo acompaña y el Cliente logra darse

cuenta y comprender estos movimientos endógenos que se manifiestan públicamente en la piel, sentirá que su ansiedad baja. Al tiempo que descubrirá lo inconsciente y podrá transformarlo en consciente para pasar desde ahí a la acción y al cambio.

ERUPCIONES

Hay un componente de irritación por los rechazos. En la erupción algo atraviesa la frontera, algo quiere salir.

El ejemplo más visible es el acné juvenil. Se da generalmente en la cara y en la parte de los senos de la adolescente. Comienza a organizarse en el cuerpo y la sexualidad se manifiesta pero los tabúes familiares y sociales no permiten poder expresarla libremente y por eso el cuerpo busca reprimir las manifestaciones. Sin embargo, de las profundidades desconocidas brota un nuevo deseo con una fuerza irresistible que trata de hacerse un lugar de exposición frente a sí mismo y a los otros. Surgen fantasías sexuales y uno se avergüenza. Este tema candente, urgente, vital, hace que la piel del adolescente se inflame y señala que algo pugna por atravesar el límite. Es una nueva energía que quiere salir.

La erupción intenta mostrar algo que hasta ahora no estaba visible.

Aquí está el conflicto: la "atracción de lo nuevo" y "el temor a lo nuevo" tiran de uno casi con igual fuerza.

Así se manifiesta el miedo al instinto recién despertado y aunque parezca un sinsentido este síntoma le funciona al adolescente como una solución porque le

Ernesto Beibe

va a servir para retrasar la relación con el otro sexo. Así le dará tiempo para que se acostumbre e integre a esa pulsión y a esas nuevas necesidades.

El acné aparece, obstaculiza la relación e impide la sexualidad y finalmente la vergüenza por la propia sexualidad se transforma en vergüenza por los granos.

Como la piel es el órgano con el que el ser humano entra en contacto con los demás -lo que el otro puede tocar y acariciar- la piel tiene que gustar para que el otro nos quiera. ¿Pero cómo me va a querer con estos granos horribles que me brotaron?

Y consiguen así una tregua de aproximación, pero es sólo una tregua, porque el sexo y el deseo aparecerán, no sólo como pulsión, sino como mandamiento de la especie para verse perpetuada.

Este es un mandato inexorable de la naturaleza del hombre, donde el sistema límbico ayuda a perpetuar la especie.

Esto que vemos representado en la pubertad, y que efectivamente va de adentro para afuera, no se puede paliar ni con cremas ni lociones.

Podrá disimularse (la vergüenza), pero en última instancia, vivir la sexualidad es el mejor remedio contra el acné.

Lo expresado acerca de la pubertad puede aplicarse a grandes rasgos a todas las erupciones cutáneas porque una erupción siempre indica que algo que estaba reprimido trata de atravesar la frontera y salir a la luz (al conocimiento).

La erupción intenta mostrar algo que hasta ahora no estaba visible.

PSORIASIS

La psoriasis se manifiesta como focos de inflamación de la piel y se caracteriza por presentar lesiones rojas cubiertas de escamas blanquecinas que se desprenden fácilmente. Lo más peligroso a nivel real y corporal es que la psoriasis puede producir ulceración de la piel, es decir, un aumento del peligro de infección.

En la psoriasis, la piel fabrica escamas y eso es equiparable a la formación del caparazón de algunos animales. La protección natural de la piel se transmuta en coraza, casi como un blindaje.

Es como la muralla, cuanto más robusta es la defensa y más gruesa es la coraza es porque la sensibilidad y el miedo son mayores.

Este sistema de la piel representa a un individuo que no quiere que nada entre ni salga y se defiende al representar esta lucha interna en el teatro de la piel.

Pero el verdadero trastorno es que detrás de toda defensa existe el miedo a ser herido. Es como la muralla, cuanto más robusta es la defensa y más gruesa es la coraza es porque la sensibilidad y el miedo son mayores.

Ese miedo de ser herido que siente el individuo no es porque se lo autogeneró sino porque existen historias previas de la familia que tienen que ver con el avasallamiento y el rompimiento de barreras de autoprotección y con toda clase de subterfugios para meterse en el psiquismo del niño pequeño.

Si bien la coraza lo protege de las heridas también le impide el acceso al amor y a la ternura por lo tanto su angustia crece cada vez más.

Aquí es donde nuevamente aparece el Mentor que asiste al Cliente para tratar de llegar al comienzo de su historia. Un momento en el cual suelen aparecer relatos del paso por una niñez en donde posiblemente tuvo que aprender a la fuerza cómo evitar que no le perforen sus barreras.

PRURITO

El prurito o picor puede llevar a una persona a la desesperación porque continuamente tiene que rascarse en algún lugar del cuerpo.

Pero esta desesperación a veces también está asociada con el placer de rascarse.

La palabra latina "prurio" significa, además de picor, cosquilleo, ser excitado sexualmente, tener ansia sexual y el verbo "prurire" significa picar.

> Detrás del prurito existe alguna pasión, un ardor, un deseo que está pidiendo ser descubierto. Por eso nos obliga a rascar. El rascarse es una forma suave de escarbar o cavar.

Se trata, en suma, de un estímulo que puede ser de índole sexual, agresiva o amorosa. Es un estímulo que puede ser grato o molesto, pero siempre excitante.

El prurito que está acompañado por erupciones cutáneas, manchas rojas e inflamación, es un fenómeno que acompaña a muchas enfermedades de la piel como la urticaria.

El picor corporal indica que en el plano mental algo nos excita y que no lo hemos podido resolver mental o físicamente entonces eso aparece denunciado en la piel.

Detrás del prurito existe alguna pasión, un ardor, un deseo que está pidiendo ser descubierto. Por eso nos obliga a rascar. El rascarse es una forma suave de escarbar o cavar.

A B S E S O

Es la acumulación de pus, puede darse en casi todas las áreas de la piel, una piel que es frontera, contacto y ternura.

El absceso es la expresión acumulada que procede de las profundidades y que emerge a la superficie. Pugna por superar la barrera de la piel y llegar a la luz de la conciencia.

A L O P E C I A

Es la caída del cabello y la que deja partes de la piel al descubierto. En numerosas personas genera mucha vergüenza frente a la mirada de los demás.

En estos casos el individuo siente que pierde su poder y su influencia; se queda desnudo y se siente despojado. Reacciona como un niño que vuelve a la primera infancia y está asociado con la pérdida de fuerza y la debilidad.

La dificultad psíquica que afrontan quienes pierden el cabello se conoce desde tiempos remotos. Cuando en el relato bíblico Dalila le corta el pelo a Sansón, le hace perder toda su fuerza y fortaleza.

ECCEMA

Es la afección cutánea caracterizada por vesículas rojizas y exudativas, que dan lugar a costras y escamas.

Es una lesión a la integridad desde el interior. Algo impuro que desfigura la expresión de la piel pura.

Algo del interior irrumpe hacia el exterior por la frontera; lo que hasta ahora se ha reprimido ataca la frontera de la represión para llegar a ser visible. De esta manera evita el entorno. También está relacionado con el juego de poder inconsciente; la congestión de la agresión y una vitalidad reprimida.

INFECCIÓN

El proceso infeccioso se relaciona con una "guerra en el cuerpo".

Las bacterias, virus y toxinas que adquieren proporciones peligrosas son atacadas y combatidas por el sistema de defensas del cuerpo.

El proceso infeccioso se relaciona con una "guerra en el cuerpo".

En el sentido agresivo se puede «picar» a alguien. Se trata de un estímulo que puede ser de índole sexual, agresivo o amoroso. Tiene una valoración ambivalente ya que puede ser grato o molesto pero siempre es excitante.

Un ejemplo del proceso infeccioso lo vemos cuando nos pica un mosquito, la zona de la piel se enrojece porque se calienta a mas de 38 ºC, temperatura que mata a las bacterias que son recogidas por el sistema linfático y excretadas del cuerpo por la orina.

INFLAMACIÓN

La palabra inflamación contiene el termino, flama, es la "llama" que puede hacer explotar el barril de pólvora. Se trata de imágenes que utilizamos también al referirnos a conflictos armados: "la situación se inflama", "se prende fuego la mecha".

La inflamación es el conflicto trasladado al plano material, de personas que tratan de rehuirlo.

La inflamación es el conflicto trasladado al plano material, de personas que tratan de rehuirlo. Sin embargo esa "mentira" u "ocultamiento, tiene patas cortas.

La piel es el sistema de alarmas que representa a los dolores psíquicos y cuanto antes se puedan leer estos síntomas desde este gran radar, este gran sistema de

Ernesto Beibe

defensas, el individuo va a poder defenderse seriamente desde adentro, desde la raíz del problema, sin ocultar ni pretender que "aquí no pasa nada".

De todas maneras, a veces conviene aplicar sustancias calmantes de pruritos e inflamaciones, para que el Cliente pueda tranquilizarse, quitarse la angustia, la ansiedad y se deje de rascar. Luego podrá permitirse escuchar y comprender al Mentor que está colaborando con él.

Los dichos populares nos dan la pauta de la utilización de un "lenguaje que remite a los órganos, y los hace hablar". A continuación detallaré varias frases que generalmente son usadas como metáforas:

Ojos

- Me costó un ojo de la cara.

- A ojo de buen cubero.

- Ojo por ojo, diente por diente.

- Abrirle los ojos a alguien.

- Hacer la vista gorda.

- Cuatro ojos ven más que dos.

- Dar en medio del ojo.

- Donde pone el ojo, pone la bala.

- Echar fuego por los ojos.

- Ser el ojo derecho de alguien.

- Ojo al piojo.

- Ojos que no ven corazón que no siente.

- El que ha perdido un ojo conoce el valor
del que le queda.

- Echar el ojo.

- Cría cuervos que te sacaran los ojos.

- Lame ojo.

- Estar en los ojos de quien lo mire.

- Puedes poner tus ojos en las estrellas sin quitar tus
pies de la tierra.

- Ojos como platos.

- Los ojos se fían de ellos mismos, las orejas se fían de
los demás.

- Ver la paja en el ojo ajeno y no la viga en el propio.

- Quemarse las pestañas.

- Con el persuasivo lenguaje de una lágrima.

- Lo que no va en lágrimas va en suspiros.

- Lágrimas de cocodrilo.

Boca

-En boca cerrada no entran moscas.

- Salir algo a pedir de boca.

- Dejar mal sabor de boca.

- Boca que habla, gusta.

- Dejar a alguien con la miel en los labios.

- No decir esta boca es mía.

- A pedir de boca.

- Ser un boca sucia.

- En boca del embustero lo cierto se hace dudoso.

- Hacérsele a alguien agua la boca.

- De boca en boca.

- Enseñar los dientes.

- A pan duro, diente agudo.

- No hay quien le meta el diente.

- Antes son mis dientes que mis parientes.

- Reír a mandíbula batiente.

- Hacérsele (o ponérsele) los dientes largos a alguien.

- Hincar el diente.

- No tener pelos en la lengua.

- La lengua es la piel del alma.

- Ser un lengua larga.

- Lo tengo en la punta de la lengua.

- Una lengua afilada es el único instrumento cortante que se aguza más y más con el uso.

- ¿Te ha comido la lengua el gato?

- Garganta profunda.

Orejas

- A palabras necias oídos sordos.
- Ser oreja.
- Parar la oreja.
- Ser todo oído.

Pelo

- No tiene ni un pelo de tonto.
- Poner los pelos de punta.
- Por los pelos.
- Me saca canas verdes.
- Me toman el pelo.
- La cana engaña, el diente miente, la ruga desengaña
y el pelo en la oreja ni duda deja.
- Salvarse por un pelo.
- Poner las barbas en remojo.
- No cortarse un pelo.

Cara

-La cara de Dios.
- Refregar por la cara.

- Caras vemos y los demás no sabemos.

- Caérsele la cara de vergüenza a alguien.

- Ser un cara rota.

- Poner cara de póquer.

- El mal del tordo: la cara flaca y el culo gordo.

- La cara es el espejo del alma.

- Ofrecer (o poner) la otra mejilla.

- Me tiene entre ceja y ceja.

- Meter la nariz.

- Ser una nariz parada.

Cabeza

- Estás de la cabeza.

- Tener poca sal en la mollera.

- Estoy de la nuca.

- Pajaritos en la cabeza.

- No tener cabeza.

- Sentar cabeza.

- Cabeza pequeña, culo gordo; te tiras un pedo y sale
redondo.

- Cada cabeza es un mundo.

- Contra la pereza, un buen golpe en la cabeza.

- El cerebro es un órgano maravilloso. Comienza a

trabajar ni bien nos levantamos y no deja de funcionar hasta entrar en la oficina.

- Ni tanto ni tan calvo.

- No levantar cabeza.

- Tan tarde llegó el sombrero, que no encontró cabeza.

- Tener el cerebro de pajarito.

- Si el cerebro humano fuese tan simple como para entenderlo, entonces seriamos tan simples que no po dríamos entenderlo.

- Soy una mujer de mente abierta y piernas cerradas.

- En el mundo, de cada diez cabezas, nueve embisten y una piensa.

- En principio la investigación necesita más cabezas que medios.

- Tener la cabeza hecha un bombo.

- Nunca con peluca. Siempre con tu propio pelo.

- No entrar algo en la cabeza.

- Con la frente en alto.

- Tener dos dedos de frente.

- Ganar el pan con el sudor de la frente.

Torso

- A lo hecho, pecho.

- Ser un pecho frío.

- Irse de espaldas.

- Dar la espalda.

- Tomarse las cosas a pecho.

- Tiene las espaldas anchas.

- Si el mundo te da la espalda... tócale el culo.

- Si te sientas en el camino ponte de frente a lo que aun has de andar y de espaldas a lo ya andado.

- Tú me rascas a mí la espalda y yo te la rasco a ti.

- No hay mejor espejo que la carne sobre el hueso.

- Hay que tener cintura para...

- Ser un hombre de pelo en el pecho.

- A mover el esqueleto.

- Ser el riñón de un partido.

- Costar un riñón.

- En cueros (vivos).

- En pelotas.

Hombro

- Poner el hombro.

-Llorar en el hombro.

- Encogerse de hombros.

- Hombro a hombro.

Brazo

- Luchar a brazo partido.

- Hablar por los codos.

- Un abrazo es un regalo perfecto, que a todo el mundo le queda bien y que nadie se molesta por el intercambio.

- No dar el brazo a torcer.

- Ser el brazo derecho.

Corazón

-Con una mano en el corazón.

- Hacer de tripas corazón.

- Estar con el corazón en la boca.

Estómago

- Estoy de la panza.

- Hay que tener estómago.

- Tengo una piedra en el estómago.

- A panza llena, corazón contento.

- El que nace barrigón es al pedo que lo fajen.

- Quedé de ombligo parado.

- Se siente el ombligo del mundo.

- Hacer de tripas corazones.

Manos

- Les das una mano y te toman el hombro.

- Estás hasta las manos.

- Traerse algo entre manos.

- Aferrarse con uñas y dientes.

- Quedar mano a mano.

- Llegó con una mano atrás y otra adelante.

- Una mano lava la otra.

- Tiene muñeca.

-Yo no me chupo el dedo.

- A manos llenas.

- Coger a alguien con las manos en la masa.

- Cuando apuntas con un dedo, recuerda que los otros
tres dedos te señalan a ti.

- Estar (quedarse) mano sobre mano.

- Que la mano izquierda no sepa qué hace la derecha.

- Poner el dedo en la llaga.

- Manos de mantequilla.

- Ser la mano derecha.

- Tirar la piedra y esconder la mano.

- Dar una mano.

- Estar a mano.

- Ser uña y carne.

- Lavarse las manos.

Pies

- Metí la pata.

- Me cortaron las piernas.

- Ser alguien piel y huesos.

- El talón de Aquiles de...

-La mentira tiene patas cortas.

- Andar con pie de plomo.

- Es gamba, es pierna.

- A pies juntillas.

- Cantarle los pies (a alguien).

- Dormir a pierna suelta.

- No dar pie con bola.

- Meter la pata.

- No tiene ni pies ni cabeza.

- El interés tiene pies.

- Nunca permitas que tus pies vayan por delante de tus zapatos.

- Pararle a alguien los pies.

- Pisarse los dedos.

- Poner pies en polvorosa.

- Yo me quejaba de que no tenía zapatos, hasta que me encontré con alguien que no tenía pies.

- Sacar los pies del plato (o de las alforjas).

- Tener los pies en el suelo.

- Levantarse con el pie izquierdo.

Culo

- Me salió como el culo.

- Ando para el culo.

- Culo veo culo quiero.

- Vive en la loma del culo.

- Que cara de culo.

- Me cago en vos.

- Con un culo en dos casamientos.

- Culo roto.

- A callar que mi culo va a tronar.

- Culo de mal sosiego.

- Hasta el quinto culo, ya llegando al sexto.

- Mandar a alguien a tomar por (el) culo.

- Lamerle el culo a alguien.

- Que te den por el culo

Genitales

- Me costó un huevo y la mitad del otro.

- No hay poronga que le venga bien.

- Me tiene las pelotas llenas.

- Me tiene agarrado de un huevo.

- Cuesta un huevo.

- La tercer pierna.

- Coger en bragas.

- Esto parece el coño de la Bernarda.

- Rubia de bote, coño morenote.

- Tocarle las pelotas a alguien.

El miedo, motor del estrés

El individuo ha gastado la palabra estrés hasta el hartazgo. Aún hoy son muchas las personas que culpan al estrés por un dolor aquí, dolor allá, ataque de nervios, descontrol, cansancio, maltrato a los demás, poco rendimiento en el trabajo y falta de memoria. En fin, se culpa al estrés de todos los males de la humanidad contemporánea.

> El estrés se vuelve imprescindible para la vida diaria siempre y cuando sea un buen estrés.

Pero hay que saber que el estrés se vuelve imprescindible para la vida diaria siempre y cuando sea un eu-estrés, o sea, un buen estrés.

Es por ejemplo, aquél que se necesita al momento de cruzar una calle ya que nos pone en un estado alerta, de peligro que conlleva una descarga de tres cosas: adrenalina, dopamina y noradrenalina. Sin la existencia de este eu-estrés no podríamos cuidarnos y terminaríamos bajo las ruedas del vehículo.

Pero también existe el dis-estrés, el estrés malo.

Este aparece cuando los peligros no tienen cara, no tienen razón y nos mantienen en un estado de alerta permanente con la consiguiente descarga de estos neurotransmisores y hormonas que en cantidades masivas e inacabadas minan nuestro organismo y por consiguiente nuestras relaciones e integridad.

Por lo tanto, el Mentor debe explicarle a su Cliente, que no denomine al miedo con las palabras "nervios" o "sufrimiento", sino que sea consciente de que cuando tiene miedo se debe a que está reaccionando con estrés. Esto será fundamental para ayudarlo a ubicarse en su realidad y aceptarla (ver "Descargar agresiones", pág. 269).

Cerebro de reptil

Desde el comienzo de los tiempos, la tierra estaba poblada por peces y reptiles que poseían un cerebro especial que sólo podía regular los elementos básicos de conservación. La territorialidad, la casa, el apareamiento.

Era un cerebro llamado reptílico, diseñado para manejar la supervivencia. Su sentido era el de pelear o huir sin asumir ningún proceso reflexivo. Pura vida instintiva, sin capacidad de pensar o de sentir, sólo podía actuar.

Es por eso que cuando un animal se siente amenazado, su primera reacción es huir de la amenaza. Esta reacción le evita dolor, peligro y gasto de energía.

Sin embargo hay situaciones en las que el escape no es posible y tampoco es factible enfrentar el peligro.

Cuando un animal detecta algo que representa un peligro se activa en su organismo un sistema de alarma que lo prepara para sobrevivir. Este sistema desencadena toda una serie de reacciones fisiológicas en su cuerpo.

Cuando el animal está indefenso respecto del predador se activan sus reacciones de huída. Este es un sistema de alerta que le dura un máximo de treinta minutos y, si en ese lapso de tiempo no se puede escapar, terminará como alimento de su verdugo.

Si el animal tiene la posibilidad de defenderse, el tiempo de alerta será mayor debido a que existe una paridad con su atacante, por lo tanto tendrá un tiempo mayor de lucha, pero el final será exactamente el mismo. Mata o lo matan.

> **El cerebro reptílico funciona como alarma frente al peligro y es en el lugar en donde se juegan los instintos más puros de aceptación o rechazo.**

En este instante es en donde se activa todo un sistema de ataque y el actor principal que aparece en esta supuesta escena es la agresión.

En la evolución del hombre este tipo de cerebro reptílico permaneció intacto a través del tiempo y hoy tiene una vigencia total. Funciona como alarma frente al peligro y es en el lugar en donde se juegan los instintos más puros de aceptación o rechazo. Es un cerebro que percibe básicamente los estímulos de miedo para ayudar a la conservación de la especie.

Ante el primer atisbo de peligro, sea real o figurado, el sensor de este cerebro reptílico organiza en nuestro organismo una descarga de hormonas y neurotransmisores que actúan sobre nuestros músculos y nos preparan para atacar, paralizarnos o huir.

Esta descarga es el verdadero estrés.

Son hormonas que se activan frente a situaciones de alerta y detección de peligro:

- La adrenalina, es pura acción, aumenta la tensión arterial, el ritmo cardíaco y la concentración de glucosa en la sangre. Dilata las pupilas para tener una mejor visión, aumenta la respiración y estimula al cerebro para producir dopamina que facilitará la agresión defensiva.

- La noradrenalina lleva a un incremento de la alerta general.

- La serotonina, cumple un papel inhibitorio para la descarga de impulsos.

Los miedos de hoy

Pero si ya no hay predadores que pongan en peligro nuestra vida e integridad física, entonces: ¿dónde están los peligros que amenazan nuestra integridad? ¿Cuáles son los miedos actuales?

Estos miedos son originados por diferentes razones tales como ansiedad, preocupación, terror, espanto, susto, paranoia, horror, fobia, inquietud, pánico, riesgo, temor, aprehensión, aversión, pavor, claustrofobia y recelo.

Ernesto Beibe

Los motivos pueden ser, por ejemplo, el haber quedado desamparados, solos, ninguneados, despreciados o dejados a un lado.

La ilegitimidad que surge en el inconsciente al no ser querido, rechazado, excluido o expulsado, lleva al Cliente a sentir que es incapaz de rendir exitosamente frente a las expectativas de un otro.

Así puede aparecer también el miedo al ridículo, miedo a tener miedo (que es el pánico), miedo a ser amado, miedo a no ser amado, miedo a no poder amar, miedo a amar demasiado (íntimamente asociado con el miedo a la dependencia), miedo a la crítica, miedo a la muerte, miedo a errar, miedo social, miedo a los animales de la misma especie, miedos instaurados por la sociedad, miedo a la enfermedad, miedo a la pobreza, a la guerra, a la desintegración, miedo al éxito, o miedo al fracaso, entre otros.

Todos estos miedos no son necesariamente generados por elementos externos sino que muchas veces los genera nuestra propia mente.

Todos estos miedos no son necesariamente generados por elementos externos sino que muchas veces los genera nuestra propia mente. Es nuestro inconsciente el que arma, en ocasiones, los más terribles escenarios. De ahí que en la mayoría de las situaciones el peor verdugo del individuo es él mismo.

Cuando el cerebro reptílico detecta alguno o varios de estos miedos, pone en marcha la impresionante maquinaria corporal para atacar, huir o paralizase.

Si esta descarga fuera permanente, tal como sucedería ante un peligro externo, enloquecería al cuerpo y lo dejaría bajo un continuo estado de estrés. Este estado permanente de alerta - y no tener noción de cuáles son las fuerzas internas que generan estas descargas hormonales – producirá que busquemos los motivos de inquietud en el afuera y luego le echemos la culpa a algún factor externo por hacernos sentir tan mal.

Es cierto que hay peligros reales, como cuando existe la posibilidad de perder el empleo y la posibilidad de que esto dificulte nuestra alimentación. Si no pueden resolverse en un tiempo lógico estos peligros son los que pueden causar distrés.

En muchas personas, la alarma se activa por situaciones menos visibles. Estas suelen ser situaciones de verdadero peligro emocional y por lo tanto las reacciones serán el ataque, la huida o la parálisis.

Este último es un ejemplo muy característico y fácil de comprender: uno no puede atacar a quien posiblemente lo deje sin empleo pero tampoco puede huir, entonces se paraliza, con las consecuencias que veremos a continuación.

El peligro real de perder un empleo genera una descarga de adrenalina, si bien no existe la posibilidad de escapar, las descargas de neurotransmisores siguen su curso y descargan. Seguirán descargando pero ya no lo harán sólo durante treinta minutos, como pasaba en la selva cuando en ese lapso de tiempo el animal logra escapar o se lo comen. En esta situación dada frente a una posible pérdida, las descargas se sucederán constantemente, cada día y a cada hora en que

Ernesto Beibe

el Cliente esté despierto o mientras duerma. Entonces ahí será en donde aparecerá la parálisis.

La parálisis es quien sujeta los músculos para que no tengan movimiento y por lo tanto será el origen de, por ejemplo, las contracturas.

> No existe sensación de peligro y de miedo sin que exista una razón, simplemente es que la persona aún no ha descubierto el origen de sus reacciones psicológicas y corporales.

Este era sólo un ejemplo más sobre los miedos psicológicos que puede tener una persona, en este caso frente a la posibilidad de un despido, que quizás nunca llega, pero en donde el miedo sigue operando.

Esta descripción corresponde a una posible situación cotidiana, como también podría ser la sensación de peligro frente a un examen, el abandono por parte de una persona querida o no ser aceptado en un grupo social y quedar afuera.

El común denominador de estos ejemplos es la sensación de peligro. En el hombre, este miedo o sensación de peligro, genera un dolor psicológico que provoca las mismas reacciones fisiológicas que el miedo al dolor físico.

En muchas personas la alarma se activa por situaciones menos visibles y a la vez menos controlables, como por conflictos en el seno de una familia. Estas suelen ser situaciones de verdadero peligro emocional y por lo tanto las reacciones serán nuevamente, el ataque, la huida o la parálisis.

Son incontables las familias en las que algún miembro pasa inexorablemente por estas situaciones de peligro psicológico.

Los secretos familiares y los conflictos no resueltos que sucedieron en generaciones previas al nacimiento de la persona pueden llevar a revivir sensaciones de peligro aun sin tener una explicación lógica al mal-estar.

No existe sensación de peligro y de miedo sin que exista una razón, simplemente es que la persona aún no ha descubierto el origen de sus reacciones psicológicas y corporales.

El sinfín de situaciones inconscientes que pueden provocar miedos muy profundos, donde el cuerpo reaccionará con descargas de endorfinas, serotonina, adrenalina, noradrenalina y dopamina - o sea, todo lo que llamamos estrés-, serán fáciles de resolver cuando se conozca el origen del peligro.

Aquí es donde entra la labor del Mentor para guiar al Cliente a hacer consciente lo inconsciente y ayudar de esta manera a que cese la sensación de peligro y de miedo que porta una persona.

El peligro: la parálisis

Nadie está exento de sufrir ataques de estrés.

Entre las razones para padecer estrés se pueden nombrar algunas como la actitud de los padres, que consciente o inconscientemente, penetran o tratan de penetrar en el psiquismo y en las acciones de sus hijos. La culpa que produce cuando un pariente se suicidó ya que este acto ofende con el sentimiento de culpabilidad hasta la tercera generación, lo mismo sucede con la culpa de haber quedado vivo después de algún accidente donde fallecieron familiares.

En el lenguaje popular, cuando alguien tiene dolores en la espalda, en el cuello, diarreas, ulceras o mal aliento, el gran culpable es el estrés, se dice que tiene "un ataque de nervios", que "sufre de estrés" o que tiene "miedo a no sé qué", porque la palabra estrés sirve para todo y especialmente la utilizan quienes no comprenden que están frente a situaciones de peligro y su cuerpo reacciona de esa manera para defenderse.

> **Al trabajar el estrés junto al Mentor, los peligros reales adquieren su dimensión cabal.**

Cuando estas señales de peligro se repiten una y otra vez, también se repiten las reacciones corporales en un círculo vicioso, un círculo sin fin.

Las descargas se vuelven crónicas, el cuerpo no puede desarmar este mecanismo disfuncional y obviamente esto no va a suceder hasta que pueda comprender cuáles son los peligros, los miedos y los terrores internos. Sólo así podrá expulsar a estos fantasmas de una vez y para siempre.

¿Para qué sirve leer y trabajar el estrés junto al Mentor? Para lograr el círculo virtuoso de vivir plenamente. Éste se logra al darle a los peligros reales su dimensión cabal.

A partir de los síntomas que corresponden a lo fisiológico, es decir, desde la respuesta del cuerpo y de los órganos, desde las manifestaciones somáticas y corporales objetivas, el Mentor puede armar el "menú" que le corresponde a cada Cliente para ayudarlo a encontrar las causas de sus miedos y de esa manera comenzar a vivir una vida mejor.

A continuación, vamos a listar una variedad significativa de reacciones frente al peligro de las que el cuerpo trata de defenderse para denunciar que algo está sucediendo. A partir de estas reacciones, corporales la persona puede accionar y pedir ayuda.

El resultado de esta acción será la posibilidad de comprender las situaciones inconscientes y volverlas consientes. Sólo desde allí el Cliente podrá pasar a la acción y dejar de sufrir.

Al examinar qué ocurre en nuestra vida diaria, en la de los familiares, amigos o conocidos se podrá visualizar cómo estos síntomas que surgen de percibir un peligro se manifiestan a través de los distintos órganos.

En los asociados a la acción de alimentarse los síntomas suelen ser:

Anorexia, bulimia, rechinar de dientes, constipación, diarrea, dificultad para tragar, dolor abdominal, falta o exceso de apetito, obesidad, pérdida del apetito por disfunción gastrointestinal (el estrés aumenta la secreción de ácido clorhídrico y la digestión se vuelve irregular provocando problemas gastrointestinales), sequedad en boca y garganta, indigestión, vómitos y sangrado en el tubo digestivo.

En cuanto al sistema circulatorio algunos son: aumento de la presión arterial, cefaleas, hormigueo en las extremidades, palpitación cardíaca, taquicardia y bradicardia.

En el orden de lo articular y muscular, se producen dolores en el cuello o en la parte baja de la espalda, dolor de cabeza, dolor en el pecho, calambres, espasmos, temblores, tics nerviosos y migrañas.

La piel denuncia el peligro cuando aparece la sensación de las manos frías y sudorosas, sarpullido, sudoración, pústulas, erupción cutánea, virus del papiloma humano y herpes.

Muchas veces el estrés se origina a partir de sucesos enquistados que alguna vez provocaron susto y que aunque pasen decenas de años el individuo no puede reponerse de ello.

Y como si lo anterior fuera poco, en la lista de síntomas fisiológicos no hay que olvidar la falta de aire, alteración del sueño, escalofríos, fatiga, risa nerviosa o chillona, insomnio, mareo y náusea.

Las manifestaciones psíquicas no se quedan atrás ya que no por subjetivas son menos molestas, dolorosas o dañinas. Es usual la sensación de tensión, pesadillas frecuentes, repetitivas y/o incoherentes, conductas neuróticas: "quiero pero no" o la observación alterada de la realidad con una visión totalmente distorsionada.

La tendencia a los accidentes en general encubre cierta conducta suicida, tristeza, sensación de inseguridad, carencia o menor valía; desesperación, procrastinación, retraimiento o aislamiento.

Higiene personal deficiente, apatía en la forma de vestirse o arreglarse. Irritabilidad general, híper-excitación o depresión, conducta impulsiva y gran irritabilidad emocional. Impulsos irresistibles de gritar, incapacidad de concentración, pensamiento desorientado o reiterativo y perseverante sobre algún problema acontecido.

Sensación de irrealidad, debilidad o vértigo, sensación de fatiga y pérdida de la "alegría del vivir"; tendencia a asustarse fácilmente por cualquier ruido no habitual.

Así también aparece la "ansiedad flotante" es decir, tener miedo sin saber de qué o a qué, angustia, disgusto, falta de motivación, desgano, nerviosismo, pérdida del interés sexual o miedo a la muerte.

Muchas veces el estrés se origina a partir de sucesos enquistados que alguna vez provocaron susto y que aunque pasen decenas de años el individuo no puede reponerse de ello. Pudo ser un peligro provocado al ser dominado o influido por familiares muy cercanos como el padre, la madre o los hermanos, seres que posiblemente despertaron en la persona el temor justificado de no ser comprendido, de no ser querido o de

Ernesto Beibe

ser expulsado del núcleo familiar.

Por otra parte, sobran claramente los motivos externos para vivir sobresaltados: la inseguridad en las ciudades, ataques terroristas, epidemias, tsunamis, terremotos, erupción de volcanes, diseminación abrupta de lava o huracanes.

Si a estos escenarios cada uno le agrega su propio infierno personal, el estrés se convierte en un elemento desestabilizante. Posiblemente la mayoría de las veces no podremos manejar los fenómenos del planeta, pero dentro nuestro y con una buena ayuda profesional lograremos encontrar la paz y la forma de vivir nuestra única vida lo más y mejor posible.

Una ayuda que necesariamente deberá estar basada en la comprensión de las actitudes humanas, el compadecerse de los sufrimientos, la actitud profesional de reeducar y de encontrar salidas a estos mundos interiores de intranquilidad sin fin.

Por eso una de las funciones más importantes del Mentoring, es revisar con la persona que padece este grado de estrés, las inseguridades generadas por sus propios miedos.

Este es el rol, la función y la tarea del Mentor, y para ello utiliza las herramientas de la comprensión y la lectura de lo transgeneracional a través del Genograma y del lenguaje del cuerpo.

Agresión, violencia y agresividad

Vivimos en tiempos violentos, nos movemos en un mundo violento, las noticias contienen gran cantidad de información violenta y agresiva. Existe una polución de historias violentas a través de los periódicos, de los carteles en la calle y de los medios de comunicación en general. La televisión emite gran cantidad de imágenes violentas que puede llegar a aumentar las conductas agresivas en los espectadores y sobre todo en los niños.

Continuamente escuchamos noticias sobre guerras y relatos de personas próximas que han sido robadas, golpeadas, abusadas o violadas.

La permisividad a la agresión y a las conductas violentas pareciera estar institucionalizada por parte de los gobiernos nacionales, provinciales o municipales de la sociedad occidental.

En esta secuela, los factores educacionales ponen de manifiesto que son los hombres quienes llevan la delantera en las acciones violentas y agresivas respecto de la mujer.

Cuando en los últimos tiempos se quebró el paradigma de que "hay trabajo para todos", quienes hoy no consiguen ocupación aún llevan consigo una carga de violencia, agresión, ira, hostilidad, dolor, miedo, irritación y frustración. Aquellos que no pueden satisfacer sus necesidades básicas viven violentos. La agresión aumenta al no tener un techo o tener hambre, pero también le sucede a quienes no logran satisfacer su deseo sexual o su sueño.

Esta trama de acciones agresivas y violentas deja secuelas, se vuelven víctimas con sentimientos negativos de hostilidad, ira, culpa y disminución de la autoestima. También muestran problemas de salud física como la cardiopatía isquémica o la adicción a las drogas.

La agresión se define como el comportamiento que intenta hacer daño u ofender a alguien, ya sea mediante insultos o comentarios hirientes; o físicamente a través de golpes, violaciones y lesiones.

> **La clave que define la agresión es la intención de dañar y esto es lo que la diferencia de otros tipos de violencia.**

La clave que define la agresión es la intención de dañar y esto es lo que la diferencia de otros tipos de violencia como las que suelen estar motivadas por la autoafirmación y la obtención de supremacía. En estos últimos casos la violencia se manifiesta a través de la coerción física o psíquica que se ejerce sobre una persona para obligarla a hacer un determinado acto en contra de su voluntad.

Ernesto Beibe

Todos los seres humanos son agresivos por naturaleza fruto de su pasado antropoide. Es el instinto natural de defenderse y actuar de forma violenta en pro de la supervivencia. Pero gracias a la cultura tiene la capacidad de filtrar ese instinto agresivo y convertirlo en un comportamiento pacífico y social.

La violencia, en cambio, es una pulsión biológica, instintiva y está mediada por reacciones neuroquímicas.

Pero cuando la cultura falla, no existe o es exigua, la violencia se vuelve un producto del fracaso o de la incapacidad del sujeto para comunicarse de modo adecuado con el otro.

> Gracias a la cultura, el individuo tiene la capacidad de filtrar ese instinto agresivo y convertirlo en un comportamiento pacífico y social. La violencia, en cambio, es una pulsión biológica, instintiva y está mediada por reacciones neuroquímicas.

El hombre en situación de violencia se incomunica momentáneamente como se muestra en estos ejemplos: "No veía, ni oía nada", "No sentí cuando me hirieron.". Esto pasa porque está bajo la determinación de un pathos, es decir, de la pasión "Me enfurecí, me hervía la sangre".

De todos modos, no toda violencia es pulsión y así entendemos que el cirujano agrede para sanar o que las células nacen con una necesidad interna de autodestruirse llamada "apoptosis".

En la misma línea está el padre que separa al niño de la madre porque debe utilizar la violencia para romper el vínculo simbiótico y así permitir que el niño ingrese en la cultura.

Definición de términos

Según el Diccionario de la Real Academia Española, RAE 22ª edición, leemos acerca de la Violencia y Agresión:

V I O L E N C I A

(Del lat. violentĭa).

1. f. Cualidad de violento.

2. f. Acción y efecto de violentar o violentarse.

3. f. Acción violenta o contra el natural modo de proceder.

A G R E S I Ó N

(Del lat. aggressĭo, -ōnis).

1. f. Acto de acometer a alguien para matarlo, herirlo o hacerle daño. U. t. en sent. fig.

2. f. Acto contrario al derecho de otra persona.

3. f. Der. Ataque armado de una nación contra otra, sin declaración previa.

Ernesto Beibe

O sea que violencia es un "estado" individual, es una emoción.

Uno puede "estar" violento; "ser" violento; "vivir" violento. Violentarse por una acción que considera injusta. La violencia es una "pasión", el ejemplo es la palabra "ira" que no es enojo sino una pasión, un deseo violento, algo que se ubica en el lugar de lo pasional.

Veamos ahora la agresión. Cuando un soldado agrede a su enemigo no necesariamente indica que tiene que ser una persona violenta.

Un león no es agresivo cuando ataca a su víctima porque en el momento del salto no está enojado sino que su motivación interna es el hambre, no la agresión ni el enojo.

Entonces comprendemos que la violencia es una pulsión, una emoción personal, pero cuando pasa a relacionarse con un otro, se convierte en agresión.

Lo que es violento es el acto de agredir al otro y cuando la agresión la aplica el "poder" o se manifiesta con mucha saña, se convierte en agresividad.

Un hachero puede utilizar su hacha con mucha violencia, pero convertir la madera en leña no es un acto agresivo, salvo que pongamos infantilmente un "alma" al árbol caído y segmentado en trozos.

> Agresión y violencia son dos cables paralelos, pero cuando se tocan, generan un nuevo fenómeno: la agresividad.

Pero si el mismo hachero, con violencia le parte la cabeza a una persona, es agresión en estado puro, convertido ya en "agresividad". El hachero no es más un violento, es un agresor, porque ejecuta el acto con agresividad.

Cuando un individuo utiliza los dientes caninos para rasgar, los incisivos para cortar y los molares para desmenuzar la comida, está produciendo actos violentos aunque él no necesariamente tiene que estar en una situación emocional de violencia.

Agresión y violencia son dos cables paralelos, pero cuando se tocan, generan un nuevo fenómeno: la agresividad.

Se intenta usar las palabras y las metáforas derivadas de ella, para curar o para que el Cliente se pueda defender si alguien ejerce una agresión sobre él.

Todas estas metáforas y definiciones, son al efecto de conocer más, de tener conciencia de sí mismo, tanto como ente individual como en relación a los demás.

Sirve para entender cuándo una persona es violenta y se convierte en agresiva, cuándo ejecuta actos agresivos sin ser violenta y cuándo alguien violento camina por la vida agrediendo al otro o agrediéndose a sí mismo.

En el momento en que desde el Mentoring se deshace esta madeja de emociones, explosiones, implosiones y se le da un nombre a cada cosa, pasamos al axioma: "la palabra mata, pero la palabra cura"

En este caso, se intenta usar las palabras y las metáforas derivadas de ella, para curar o para que el Cliente se pueda defender si alguien ejerce una agresión sobre él. Es importante poder distinguir entre ser firme y ser agresivo, o poner un freno a quien pretende atacarle.

No son temas fáciles para desenredar, des-mezclar o lograr concientizar puesto que para aclarar y penetrar en la esencia de estos conceptos es necesario que el Mentor posea una amplia gama de conocimientos así como contar con el saber para utilizar los instrumentos adecuados que le brindan la sociología, antropología, medicina, fisiología, psicología, derecho, psiquiatría, política, educación e incluso ética y urbanismo.

> **Estas conductas agresivas son condiciones imprescindibles para cazar y poder alimentarse.**

Como no es adecuado generalizar, el Mentor debe detectar qué tipo de violencia y/o agresión sufre su Cliente.

Existen, por ejemplo, casos de violentos pasivos que buscan que los agredan convirtiendo en violento a su oponente; los que ejercen la agresión en forma activa contra otros o contra sí mismos o simplemente quienes deben hacerse cargo de sus pulsiones violentas, que al comprenderlas, las pueden metabolizar.

La agresión y la violencia están presentes todos los días de su vida, desde el nacimiento hasta la muerte.

Los impulsos, las conductas agresivas y las emociones violentas, comienzan desde el principio de los tiempos en el mundo animal, los hombres son también parte de ese mundo.

Estas conductas agresivas son condiciones imprescindibles para cazar y poder alimentarse, preservar el equilibrio ecológico e incluso preservar la especie defendiéndose de los predadores (animales y humanos) y no ser comidos por ellos.

Si bien los seres humanos son agresivos por naturaleza, no existen los "buenos modales" o sea la contención innata, por eso y para eso la cultura ha llegado para pacificarlos.

Aunque se cometan bastantes actos de violencia y agresividad, la naturaleza agresiva se ve muchas veces atemperada, evitada, coaccionada, frenada y apagada por el sistema social en el cual la persona está inmersa.

> **También vale nombrar el ejemplo del bebé que pasa por el canal de parto. Aquí no hay agresión, pero sí mucha violencia.**

Por eso, más adelante, intentaré clasificar ciertos tipos de agresión diferenciándolas de la violencia, pero de ninguna manera debemos calificarlas en términos de lo que está bien o lo que está mal, de lo moral o inmoral.

A través del desarrollo de la humanidad y como una característica del ser humano, aparece la agresión en forma de conducta donde el espacio del otro es violentado. Un ejemplo de ello son los que se apropian de tierras ajenas, quienes rapiñan, violan mujeres, maltratan a sus conyugues por despecho, por celos o por frustraciones. Aquellos que obligan a sus hijos "a sacar buenas notas" (ponerse las pilas, bah), los que castigan desmedidamente la falta de un operario o pelean con un hermano por cuestiones de poder.

También vale nombrar el ejemplo del bebé que pasa por el canal de parto y en cada "contracción", la madre lo "empuja" y lo "expele" para ayudarlo a pasar por ese conducto estrecho. Aquí no hay agresión, pero sí hay mucha violencia. Los espasmos son muy dolorosos, pero a la vez ayudan a nacer.

Ni la madre ni el niño son violentos, pero la situación es una situación de violencia.

Agresión y violencia parecen, a veces, palabras iguales que denotan situaciones distintas como esta metáfora que dice: "Cuánto trabajo que tengo trabajando en el lugar en que trabajo"

Aquí la palabra "trabajo" significa más de una cosa así como en el párrafo anterior "violencia" es usada con distintas acepciones.

Cuando la criatura sale al exterior, la violencia se sigue produciendo puesto que el bebé comenzará a recibir una cantidad de estímulos auditivos, visuales y táctiles, también hambre, frío y calor, que recién podrá integrarlos después de meses y a veces años, no como agresiones, sino aprendiendo lo que es la violencia.

La agresión está presente también cuando forzamos los espacios auditivos de los demás, basta oír los vozarrones de los que hablan por teléfono en la mesa vecina de un bar o restaurante para sentir cómo invaden nuestros oídos provocándonos crisis internas de violencia.

> La firmeza también se puede convertir para el otro en agresión.

Cuando alguien se acerca y le dice: "Hable más bajo por favor", posiblemente se genere una confusión porque es factible que Don Teléfono piense que lo están agrediendo, aunque quien se le acerca se muestre cortés, pero firme.

Por eso a veces, la firmeza, también se puede convertir

para el otro en agresión.

Hay violencias que se ejercen a través de la agresión o la amenaza de ella.

> **Hay violencias que se ejercen a través de la agresión o la amenaza de ella.**

El poder en las empresas, en las familias o en los órganos de gobierno, se ejerce a través de la amenaza de violencia que se supone siempre que terminará en agresión.

Cuando la agresión se convierte en autoritarismo nos encontramos con la "agresividad" que siempre denota en sí misma una manera perversa de herir al otro e incluso a sí mismo.

Los términos "violencia" y "agresión", tienen sendas muy precisas. Para comprender mejor las características de la violencia y la agresión, las clasificaré de acuerdo a los distintos tipos de agresión y a los diferentes momentos violentos que están impregnados en la vida diaria.

> **Los términos "violencia" y "agresión" tienen sendas muy precisas.**

La enumeración abajo detallada, no agota la larga lista de las "sub-especialidades" de agresión, agresividad y violencia que ha sabido desarrollar la humanidad.

Violencia emocional

El objetivo del violento es imponerse y demostrar su poderío de una vez por todas.

No tiene la capacidad de atenerse a los valores humanos o a la reflexión sino que actúa por un acto reflejo donde cosifica al otro convirtiéndolo en un objeto de odio, de deseo, de que quede subsumido o sometido a su visión e interpretación de la realidad.

En la violencia observamos falta de justificación (de lo contrario pasaría a ser un acto de legítima defensa), de ahí que ciertos actos violentos sean ilegítimos o ilegales pues carecen de aprobación social y están sancionados por las leyes de la sociedad.

> **La violencia, cuando atenta contra la integridad física, psíquica o moral del otro ser humano, se convierte en agresión.**

La violencia, cuando atenta contra la integridad física, psíquica o moral del otro ser humano, se convierte en agresión.

Pero también la violencia puede convertirse en una agresión menos visible, no es ni física ni corporal, es una agresión emocional.

Por lo general, el daño se infringe por ira, o por no poder contener las emociones como los impulsos irracionales que no pueden ser medidos ni aplacados por el propio individuo.

> **Violencia emocional es cuando alguien muy cercano produce una injuria o un acto de injusticia y uno no puede defenderse ni responder a esta agresión con otra agresión.**

Violencia emocional es cuando alguien muy cercano produce una injuria o un acto de injusticia y uno no puede defenderse ni responder a esta agresión con otra agresión.

Estos son los momentos donde funciona la captación

de peligro del cerebro reptílico. No se puede atacar a quien ataca, no se puede huir, por lo tanto, se produce la parálisis (ver "El miedo motor del stress", pág. 195).

Entonces cuando la agresión del otro no se puede controlar y la persona no puede defenderse o huir, el camino que se sigue generalmente es el de "comerse vivo".

Esto da pie a los innumerables casos de migrañas, ardor de estómago, ataques de hígado, descargas de tos y estornudos, fiebre alta, gripe y otras manifestaciones que tienen que ver con la comunicación (ver "El lenguaje de los órganos y sus metáfotas populares", pág. 151).

La agresión verbal

Una de las manifestaciones de la violencia emocional es la agresión verbal. Se da generalmente cuando una persona insulta, ofende o le dice cosas mortificantes a otra.

> **Cuando una persona insulta, ofende o le dice cosas mortificantes a otra.**

Estas situaciones tienen tres caras: la de aquel que frente a la violencia verbal del otro no entra en ninguna pelea y dice "está nervioso, pobrecito". O la de quien responde con violencia y así genera un conflicto que no necesariamente debe llegar a la agresión.

Pero no toda agresión viene de afuera. Existe también

la agresión verbal contra uno mismo que se manifiesta cuando uno comienza a denostarse a través de frases como "qué estúpido soy", "qué torpe", "no merezco seguir viviendo" o "qué mala madre soy".

Esto da pie, además, para que personas inescrupulosas y agresivas de nuestro entorno se hagan eco de los juicios que emitimos contra nosotros mismos, entonces llegamos al paroxismo de creer en la palabra del otro, mientras nos volvemos más vulnerables.

Y la tercera posibilidad se da cuando las dos personas que están involucradas en un sistema de valores y relaciones se comiencen a agredir mutuamente, porque para que haya una guerra siempre tiene que haber dos.

La agresión de "la indiferencia"

También llamada "la maldición de Spinoza", es la agresión por el ninguneo y el menosprecio. Se manifiesta cuando una persona le "retira" la palabra a otra.

Este tipo de agresión se presenta como un arma para querer subsumir a otro o colocarlo en una categoría inferior. Se trata en ambos casos de una manifestación de poder.

Generalmente la aplican personas que tienen muy baja su autoestima.

Generalmente la aplican personas que tienen muy baja su autoestima y necesitan encaramarse sobre este tipo de agresión, incluso muchas veces a través de un mutismo altamente agresivo.

Agresividad encubierta

Se da cuando la imagen es más autoritaria que el lenguaje. Por ejemplo si desfilan quinientas modelos anoréxicas, altas y lánguidas, el mensaje penetra mucho más hondo que cualquier palabra que se pueda decir.

> **Se da cuando la imagen es más autoritaria que el lenguaje**

Hay un bombardeo continuo y un lenguaje que se ve reducido sólo a la imagen porque la palabra está casi ausente. En esos casos se ve cómo la imagen tiraniza a la gente.

Violencia instrumental

Es la violencia que puede producir un daño con la intención de conseguir algo a cambio, por ejemplo, impedir el ascenso de un competidor en el trabajo mediante difamaciones y calumnias.

Es aquella que utiliza la humillación y el deseo de tener el control. Se produce a través de la intimidación, amenaza, manipulación, acusaciones falsas, humillaciones, vigilancia, persecución o aislamiento.

> **Utiliza la humillación y el deseo de tener el control.**

Es una forma de ejercer el poder con el fin de tener mayores beneficios que pueden ser económicos, de rédito social o status. Se trata de una forma de coerción pero que no es agresiva, porque el miedo lo pone el intimidado, el amenazado, el manipulado, el humillado, el vigilado, el perseguido o el aislado.

Agresión por omisión

Es aquella donde la conducta es no hacer nada en una situación y con esa abstención se pretende perjudicar a alguien. Por ejemplo, no avisarle a alguien de que se acerca por su espalda un auto que podría atropellarle.

En estos casos, la hostilidad no se manifiesta de forma directa y no violenta.

Está muy relacionada con los olvidos voluntarios como olvidarse a sabiendas de algo que nos ofrecimos a hacer y no cumplimos.

> **La conducta es no hacer nada en una situación y con esa abstención se pretende perjudicar a alguien.**

Quienes utilizan este tipo de ataque suelen ser personas con resentimiento hacia figuras de autoridad y con problemas para su reafirmación personal. No son capaces de afrontar un problema cara a cara y de forma directa de modo que recurren a formas indirectas de exteriorizar la frustración que sienten.

Se encuentran a menudo situaciones de este tipo en el plano laboral, en el ámbito social en general, a nivel conyugal y familiar.

Violencia familiar (física y emocional)

Esto lo vemos a diario en la violencia física y emocional entre cónyuges.

> **La violencia familiar se da generalmente cuando uno de los integrantes de la pareja se siente atrapado en la relación con su cónyuge.**

La agresión y la violencia están presentes en cada momento y termina minando la salud mental y física de cada uno de los miembros de la familia.

En un primer estadio la premisa es "que no se note", es decir, que sea una violencia invisible. Será invisible para los ojos y los oídos del conjunto familiar pero por poco tiempo. Esto pasará porque al haber secretos y mentiras aparentando una buena convivencia, llegará un momento en donde "sin querer" todo se sabe y explota.

La violencia familiar se da generalmente cuando uno de los integrantes de la pareja se siente atrapado en la relación con su cónyuge, muchas veces por la lucha del lugar del poder dentro de la familia, otras veces, debido a las agresiones que las personas sufren afuera en la vida diaria y cuando llegan a la casa se descargan en su familia, especialmente en el cónyuge.

Cuando el encuentro amoroso se desvía hacia el dominio y supremacía sobre el otro, se crean situaciones violentas: agresión directa y libre (física entre los esposos), enmascarada (manipulación, exigencias inusuales, etc.), negativa (no hablarse durante días o semanas), e inhibida (demanda judicial para romper la unión conyugal).

Ernesto Beibe

Por eso, la mayoría de los llamados "divorcios" no son más que el último acto agresivo en una pareja que desde hace muchos años ya estaba realmente divorciada en los afectos, el respeto y la conducta. Esta es la razón por la cual se vivencia como una liberación.

En estas circunstancias, donde finalmente se llega a armisticios en función de pautas de comportamiento y de rituales entre marido y mujer, suele producirse la conciliación a través de distintas conductas como la sumisión, el apaciguamiento o el responsabilizarse por determinadas situaciones o hechos, aunque se sabe que la duración y la intensidad de la buena voluntad es elástica.

> **Cuando el encuentro amoroso se desvía hacia el dominio y supremacía sobre el otro, se crean situaciones violentas**

Otros ejemplos de maltrato conyugal son los insultos, los golpes y la búsqueda de "amores" externos a la pareja.

Suele aparecer también un cuadro muy común en nuestros días que es la del "hombre golpeador" y su víctima, la esposa.

Una mujer que nació, se desarrolló y creció con un padre golpeador desde pequeña no puede discernir si es amor o es castigo. Para ella la vida es así, no tiene posibilidades hasta adolescente de comparar su relaciones de amor filial y solo sabe que el padre la quiere cuando la agrede o la castiga.

Si esa fue la impronta de su niñez, y quedó pegada a ella, buscará un marido que le demuestre su amor a los palos, y si no lo hace, ella conseguirá esa figura de amor que añora.

Por eso en la mayoría de las mujeres golpeadas encontramos ciertos rasgos infantiles, porque no pudieron crecer, cambiar, dejar atrás y diferenciar amor de agresión. Para ellas sigue todo unido.

Este tipo de patología excluye a las esposas de los golpeadores que llegan a la casa fuera de sí, o sin frenos sociales a raíz de la ingesta de alcohol o drogas.

Aunque la pareja se lleve bien, a veces se genera agresión al existir una deficiente relación con los hijos. Entre los numerosos ejemplos que se dan en esta área podemos citar el de un individuo que es incapaz de discernir el pedido de cariño de un hijo y lo convierte en una "molestia" o un "ataque" reaccionando injustamente contra alguien a quien debería cuidar.

También suele aparecer cuando se violenta el espacio mental del niño o adolescente, en ese caso los hijos tienen que desarrollar un sistema de defensa que se manifiesta en el cuerpo a través -en los casos más benignos-, de urticaria, asma, anorexia o bulimia.

> A veces es difícil resolver el conflicto cuando la violencia se instala en la casa, en donde el niño o adolescente se siente avasallado o violentamente ignorado la pareja se siente atrapado en la relación con su cónyuge.

A veces es difícil resolver el conflicto cuando la violencia se instala en la casa, en donde el niño o adolescente se siente avasallado o violentamente ignorado porque no se lo escucha. De aquí a la drogadicción solo hay un pequeño paso.

De padres agresivos suelen surgir hijos agresivos, sucede cuando en las familias se promueven las conduc-

Ernesto Beibe

tas agresivas en la resolución de conflictos, especialmente cuando los padres son "golpeadores", producto de su incapacidad de manejar esos conflictos a través de la palabra.

Aquí se produce un síntoma generalizado en nuestro tiempo, aparecen hijos "golpeadores", que en estos momentos comienzan a ocupar un lugar destacado en los medios.

> **En un ambiente de belicosidad familiar, la TV potencia esa atmósfera.**

Dentro del hogar hay un componente no menor que es la televisión, cuya cantidad y calidad de información contiene alta dosis de agresión y violencia. En un ambiente de belicosidad familiar, la televisión potencia esa atmósfera.

Dentro de la violencia familiar, a la que no podemos llamar agresión, está la del empresario que no le muestra los papeles comerciales a su mujer, dónde invierte y cuánto gana realmente y que, finalmente, cuando muere puede llegar a dejar fortunas amasadas con el tiempo que le robó a su familia para dedicarse a sus negocios. Todos pierden.

Agresión infanto-juvenil

Esta es una agresión familiar solapada y disfrazada que por lo general es promovida por la escuela y ejecutada (tal verdugo) por los mismos padres.

Por ejemplo: un padre comenta que su hija adolescente de 12 años, con muy buenas calificaciones, comenzó a bajar en su rendimiento escolar.

> **Esta es una agresión familiar solapada y disfrazada que por lo general es promovida por la escuela y ejecutada (tal verdugo) por los mismos padres.**

Relata, que a partir de una conversación entre su esposa, su hija, y él, finalmente "ella se puso las pilas". Quiso decir que a partir de sus conversaciones con su hija, ella comprendió y corrigió sus "malos hábitos" por interés propio.

La metáfora utilizada es una denuncia al comportamiento de estos padres, que no tuvieron una "conversación", ni un diálogo siquiera, porque fue una comunicación unidireccional y violenta. Aunque sin agresión aparente, porque la agresión estaba vestida de amenazas de perder el cariño y el reconocimiento de sus padres, las posibilidades de cortar sus salidas de los fines de semana, la pérdida del derecho a utilizar el celular, y en fin todas las coacciones posibles, de las que tal vez usted, alguna vez también fue víctima o victimario.

Entonces la metáfora "se puso las pilas" realmente expresa: hizo lo que nosotros quisimos que haga, en vez de que hubo un acto de comprensión del momento evolutivo y que trataría de encontrar nuevamente el entusiasmo por el estudio, que bajaba quizás debido a que el centro de interés de esta preadolescente se dirigía por otros caminos del crecimiento.

La hija no buscó la auto-corrección a partir de un diálogo fructífero y su posterior cambio de conducta, salido de su propias conclusiones y ayudada por sus padres para su crecimiento como persona, sino que

Ernesto Beibe

simplemente volvió al rendimiento escolar pretendido por la escuela y sus cómplices, los padres, por la violencia ejercida sobre ella.

Existe también una agresión solapada, especialmente entre la madre y el niño, cuando ella pasa a la fuerza por encima de las necesidades del bebe o del niño de corta edad.

Existe también una agresión solapada, especialmente entre la madre y el niño, cuando ella pasa a la fuerza por encima de las necesidades del bebe o del niño de corta edad.

La agresión de meterse en el psiquismo del niño y violar sus necesidades, hace que instintivamente la criatura tenga que defenderse a través de su cuerpo porque todavía no adquirió el habla, manifiesta síntomas corporales para decir, por ejemplo: no quiero, no necesito más, no me obligues a hacer algo que no quiero, no me controles tanto, no me sobreprotejas, no vengas a mi cuna en medio de la noche a despertarme para ver si respiro, cuando no quiero tomar más la teta y saco la cabeza me obligas a abrir los labios atorándome con tu leche, cuando ya no tengo hambre me obligas a abrir la boca para seguir comiendo, cada cosa que hago te sobresalta, tus sensaciones de calor o frio decide sobre mi propia temperatura, desvistiéndome o arropándome según tu criterio.

Y muchas cosas más que tal vez usted no recordará de su propia infancia, pero cada madre que me está leyendo, seguro que sabe de lo que hablo.

Es en ese momento cuando el cuerpo del niño quiere decir NO y lo hace a su manera, desarrollando un sistema de defensas, para interponer una frontera entre él y su madre. Porque a través de una supuesta ternura ella lo agrede metiéndose en su psiquismo y traspasa lo que sólo debería constituir un contacto, una relación.

El sistema de defensa que el bebe desarrolla va desde la cola paspada, la urticaria, las alergias, el asma, los vómitos, los broncoespasmos, los estados alérgicos crónicos, al gluten y eccemas, hasta las enfermedades autoinmunes que se desarrollarán en la época madura del cuerpo humano.

En realidad, este ejemplo que acabamos de ver muestra que ésta es una agresión al "yo", al individuo a quien la madre dio vida y aunque pasan los años ella sigue pensando que el hijo es un apéndice suyo y que puede hacer lo que quiera con él, con su cuerpo y sus acciones.

Agresión sexual

En griego la palabra "binéo" significa tener relaciones sexuales, deriva probablemente de "bía", violencia.

En los idiomas nórdicos los términos que designan copular también significan derribar, golpear, etc.

En inglés americano coloquial tener relaciones con una mujer es "to knock down a woman", "knock" significa golpear como en el "knock out" del boxeo.

En Buenos Aires, la misma actividad se llama "voltear" a una mujer; "pasar a una mujer por las armas" significa violarla.

En francés "orgasme" significaba hasta el siglo XVII acceso de cólera. Sólo a fines del XVII pasa a adquirir un sentido sexual.

En España, "joder" como "follar" significan realizar el acto sexual y también dañar, molestar, fastidiar.

El varón parece usar su pene para violentar más que para causar placer, para hacer la guerra más que para hacer el amor.

> **Toda acción que implique el uso de la fuerza para hacer que otra persona lleve a cabo un acto sexual es una agresión.**

En la actualidad, se usa cada vez más la palabra "follar" que viene del latín "follare" y que derivó en hollar y talar. El primero significa hoy pisar (también se usa para el sexo entre las aves), maltratar, humillar, despreciar, estropear o profanar pisando.

Aquí estamos nuevamente en el terreno de la agresión, porque es la violencia dirigida al otro, se produce casi en todas las culturas y en muchos idiomas.

Toda acción que implique el uso de la fuerza, la coerción, el chantaje, el soborno, la intimidación o la amenaza para hacer que otra persona lleve a cabo un acto sexual u otras acciones sexualizadas o no deseadas, es una agresión.

Agresión contra uno mismo

Es el tipo de agresión más peligrosa.

La llamada "autoagresión" tiene diversas manifestaciones pero todas coinciden con un mismo hilo conductor o denominador común: hacerse daño a uno mismo.

La persona que se auto-agrede dirige su descarga en contra de sí mismo en lugar de ir contra otro que está afuera.

> **La persona que se auto-agrede dirige su descarga en contra de sí mismo en lugar de ir contra otro que está afuera.**

Un ejemplo que se ve a diario son las personas que se comen las uñas. A veces no termina la mordida en las uñas sino que siguen agrediéndose y carcomiendo la piel. El origen de este acto violento no comienza en las uñas sino que se genera en los dientes, el lugar en donde se forjan estos actos agresivos.

Otra manifestación violenta bastante común, tiene que ver con todos los actos de "procrastinación". Son las ocasiones en que el individuo posterga algo que sabe que les es de utilidad para sí mismo.

Como cuando se propone llamar a alguien que le puede abrir la posibilidad de un mejor trabajo y no lo llama o lo deja para mañana o para más adelante.

Sucede cuando como dice la voz popular "deja para mañana lo que puede hacer hoy".

Ernesto Beibe

También ocurre cuando no se paga la factura de la luz a término y eso deviene en una multa, que finalmente es un acto de agresión contra sí mismo y la propia economía.

La persona por lo general actúa e interactúa con permisividad y límites hacia los demás, pero cuando se trata de ejercer estos frenos inhibitorios de la violencia y la agresión hacia sí misma, no hay ley social que funcione. Por eso es tan importante la ayuda del Mentor respecto de la comprensión del conflicto.

La violencia económica

No es más que la demostración del "poder" al ejercer una violencia imposible de contrarrestar.

Veamos por ejemplo la violencia que se generó en Argentina en el 2001, en el momento en que los Bancos retuvieron malhabidamente el dinero de la gente, cuando se instrumentó la medida económica llamada "corralito".

> No es más que la demostración del "poder" al ejercer una violencia imposible de contrarrestar.

Este tipo de violencia generó la ruptura del contrato social y produjo el descreimiento de la gente en las instituciones desencadenando una sensación de anomia y de sentimientos de indefensión.

A partir de ello, se manifestaron suicidios, situaciones desesperantes y desesperanzadoras, porque al no poder devolver la agresión al poderoso ni poder huir, se generaron todos los síntomas de la parálisis, una parálisis que no se dio solo en lo corporal de la gente sino también en la parálisis de la economía del país.

Violencia escolar

Durante años la literatura ocupó cientos de páginas para describir situaciones en las universidades donde camarillas de estudiantes adelantados o adolescentes mayores humillaban descarnadamente con maltratos físicos y psicológicos a los recientemente admitidos en las altas casas de estudio.

Actos agresivos y sádicos fogueados por un líder que manejaba al grupo con las características de una horda

Eran verdaderas tradiciones que se eternizaban, aceptadas tácitamente por las autoridades de los claustros. El motivo de los ataques no eran raciales ni movidos por el odio, ni tan siquiera individuales, sino que eran actos agresivos y sádicos fogueados por un líder que manejaba al grupo con las características de una horda que se realimenta a sí misma.

Estas prácticas fueron disminuyendo al cambiar los paradigmas. Aparecieron nuevos valores de convivencia relacionados con el acceso a las universidades de gente de diversas extracciones y por la democratización y creación de cientos de nuevas casas de estudios.

Ernesto Beibe

Sin embargo estas prácticas, morigeradas, llegaron a las escuelas medias y a las primarias. Son prácticas que están globalizadas y no son privativas de ningún país.

Se ha popularizado con el nombre inglés "bullying", un concepto que refiere al acoso escolar y a toda forma de maltrato físico, verbal o psicológico entre estudiantes.

> "Bullying" es un concepto que refiere al acoso escolar y a toda forma de maltrato físico, verbal o psicológico entre estudiantes.

Hoy los ataques no son de camarillas sino de pequeños grupúsculos y tampoco están dedicados a los novatos sino que hacen eje en uno o dos alumnos de la institución escolar que son convertidos en chivos emisarios del malestar y la violencia causados por varios motivos:

- Interna para decidir quién es el líder del acoso, mejor ponerle el nombre exacto "de la camarilla"

- Violencia acumulada por la mini-horda.

- Violencia originada por las tensiones internas de directivos y profesores de la institución.

- El ambiente de la calle en donde constantemente los medios de comunicación venden mal-estar.

El acosador escolar no tiene ninguna enfermedad mental o trastorno de la personalidad grave; sin embargo, presenta cierta ausencia de empatía y algún tipo de distorsión cognitiva.

La carencia de empatía explica su incapacidad para ponerse en el lugar del acosado y ser insensible a su sufrimiento. Si sumamos a esto que el líder del hostigamiento es prepotente, no sólo en este acto donde se siente legitimado por sus "camaradas", sino en toda su vida, se puede inferir que es un ser que sufrió o sigue sufriendo humillaciones en su propia familia. Lo mas probable es que haya muy poca relación afectiva cálida y segura por parte de los padres, sobre todo de la madre que tiene dificultad para enseñarle a respetar límites, e incluso en ocasiones es posible que haya utilizado el castigo físico.

> **De padres violentos y agresivos se forman hijos violentos y agresivos, con tendencia a la agresión y al abuso de fuerza.**

De padres violentos y agresivos se forman hijos violentos y agresivos, con tendencia a la agresión y al abuso de fuerza.

Son impulsivos, con escasas habilidades sociales, baja tolerancia a la frustración y dificultad para cumplir normas por lo que seguramente mostrará un bajo rendimiento escolar. Cuando se comparan irremediablemente con alumnos mejor organizados y con mayores posibilidades de comprension, quedan exacerbadas sus competencias y envidias.

Al carecer de capacidad de autocrítica y tener una autoestima baja precisa destacarse al humillar a los demas. Siempre quedan relegados a situaciones sociales negativas tanto para el afuera como para sí mismos, incluso suelen ser rechazados por una parte importante de sus compañeros. Los amigos que conservan son los que siguen su conducta agresiva porque no se atreven a darle curso individual a su agresión, por eso se hacen miembros "de la barrita o pandilla".

Ernesto Beibe

El agresor activo, el que inicia y dirige la agresión, tiene como contraparte su cobardía, que es lo que lo lleva a desarrollar sus actos agresivos. No actúa solo sino que se rodea rápidamente de una banda o un grupo de acosadores que se suman de manera unánime y gregaria al comportamiento de hostigar a la víctima, son quienes lo siguen, animan, festejan y lo estimulan para seguir adelante.

> **El agresor activo, el que inicia y dirige la agresión, tiene como contraparte su cobardía.**

El acosador logra la intimidación del otro, que lo percibe como más fuerte, más allá de si esta fortaleza es real o subjetiva.

Cuando aparece un agresor hay generalmente alguien que empática o subliminalmente está pidiendo ser hostigado y matoneado.

Los niños o niñas maltratados quedan expuestos física y emocionalmente ante el sujeto o sujetos maltratadores, generándose como consecuencia una serie de secuelas psicológicas en donde es común que el acosado viva aterrorizado con la idea de asistir a la escuela y que se muestre muy nervioso, triste y solitario en su vida cotidiana.

> **Cuando aparece un agresor, hay generalmente alguien que empática o subliminalmente está pidiendo ser hostigado y matoneado.**

Sin embargo, ¿todo esto nace el primer día en que el acosado pisa la escuela?

El tambien nació y se crió dentro del seno de una familia, la cuestión es si proviene de una familia que le da contencion, que lo legitima, que no lo matonea, que no lo maltrata psicológica, verbal o físicamente o de una familia que le inculcó miedo ante la violencia y le enseñó a reaccionar con una conducta muy pasiva.

Posiblemente haya pasado su primera infancia con un trato familiar más hostil, abusivo y coercitivo que otros escolares.

Es factible que en la cotidianeidad de esta familia se manifeste vulnerable, con alta ansiedad, inseguridad y baja autoestima.

Lo más probable es que no haga partícipes a sus padres de su situación escolar puesto que él se siente culpable y trata de negarla por considerarla vergonzosa.

Si lo educaron en un clima de no escucha o de aislamiento esto lo manifestará en clase al generar a su alrededor una situación social de incomunicación.

Con frecuencia no tiene ni un amigo entre sus compañeros al mismo tiempo que presenta dificultades de expresión y de baja popularidad.

Para hacerse notar o "ser alguien", suele generar actuaciones sin elegir la conducta más adecuada a cada situación y esto lo lleva a emplear comportamientos agresivos, irritantes y provocadores. Son el protipo de la "víctima activa", obviamente en forma inconsciente, porque es como si previo a la coaccion llevara un cartelito que diga: "Pegame".

Quienes acosan y coaccionan a la "víctima" pretenden ejercer un dominio y un sometimiento total de su voluntad. Que la víctima haga cosas contra su voluntad les proporciona, a quienes fuerzan o tuercen esa voluntad, diferentes beneficios pero sobre todo poder social.

Los que acosan son percibidos como poderosos por los demás que presencian el doblegamiento de la víctima.

Pero todos los que se quedan mirando "desde afuera" tambien son parte del movimiento porque en calidad de voyeurs dan marco a estas situaciones.

> Quienes acosan y coaccionan a la "víctima" pretenden ejercer un dominio y un sometimiento total de su voluntad.

Es imperante entender que estas conductas del gato y el ratón no suceden de golpe. Necesitan un tiempo de incubación y se alargan durante el tiempo escolar hasta que la "víctima" llega a un momento extremo: no quiere volver a la escuela o se expresa a través de síntomas para que su familia lo oiga. Recién en este instante sus padres quizás puedan reaccionar, porque antes, de acuerdo a su grado de "sordera" no lo escucharon.

Cuando ya reaccionan, el primer paso generalmente lo dan yendo a quejarse frente a los autoridades de la institución, que efectivamente son cómplices de la situación porque estos hostigamientos suceden a la luz del día en el aula o en el patio de recreo. La escuela es partícipe porque el velar por el "equilibrio" en las relaciones humanas forma parte de la responsabilidad de los docentes y las autoridades.

Aquí es donde vuelve a convertirse en una situación violenta, incontrolada y agresiva por omisión, en una escuela donde tampoco percibieron los problemas cuando aparecieron los primeros síntomas del maltrato porque fallaron los controles sociales, los buenos modales y las relaciones equilibradas.

Su responsabilidad pasaba por llamar a la familia del agredido para que lo respalden y a la familia de los agresores para que le pongan límites, porque finalmente en las situaciones de violencia y agresión dentro de la escuela, interactúan dos modalidades, dos educaciones y dos familias responsables de sus respectivos hijos.

Esto no es resultado de la desidia del personal docente, sino de su desconocimiento, puesto que la mayoría no ha recibido una formación específica en cuestiones de intermediación en situaciones escolares conflictivas, amén de la disminución del perfil de autoridad dentro de la sociedad actual.

> **Otro elemento es la violencia institucional que la escuela despliega por armar modelos a los cuales todos y cada uno de los alumnos deben adaptarse.**

Otro elemento es la violencia institucional que la escuela despliega por armar modelos a los cuales todos y cada uno de los alumnos deben adaptarse.

Quien esté fuera de la caja en cuestión, sea porque es un niño superdotado o por ser un niño con determinada deficiencia, no es aceptado y es expulsado de ese régimen absurdo donde se busca "la normalidad".

Todo esto nos habla de las cegueras en el sistema del bullying y de la violencia escolar, por eso justamente es el Mentor quien con su pensamiento estratégico puede ayudar a resolver estas situaciones.

Violencia proyectiva

Es la agresión que no va dirigida a la persona que nos la ha provocado, sino que se proyecta sobre otras personas, animales u objetos, muchas veces sin tener la consciencia de estar haciéndolo.

La labor del Mentor

Siempre que el hombre consiguió domar los fenómenos de la naturaleza fue gracias al conocimiento al que llegó investigando las causas que lo determinan.

La labor era prevenirlo, preservarse y detener o retrasar el daño todo lo posible.

Para poder estudiar los fenómenos de la naturaleza tuvo que definirlos y para ello le dio nombres, los nominó, porque lo que no tiene nombre no existe.

Lo que no tiene nombre no existe.

El Mentor utiliza los mismos parámetros porque trabaja con la naturaleza humana, por eso debe conocer la razón de los actos naturales de las personas con las que trabaja, actos que desde el nacimiento se codean con la violencia y la agresión.

Para bucear dentro de la esencia de estos fenómenos, el Mentor maneja y posee una amplia gama de conocimientos además de usar las palabras correctas para establecer códigos claros y comunes con su Cliente.

El Mentor debe conocer la razón de los actos naturales de las personas que desde el nacimiento se codean con la violencia y la agresión.

Con este objetivo, he brindado durante este capítulo las definiciones de distintos tipos de violencia y agresión, fenómenos que nacen, se desarrollan y se actúan.

Entiendo además que en ninguno de los casos hay situaciones llamadas buenas o situaciones llamadas malas. Hablamos siempre de situaciones disfuncionales que atentan contra el espíritu gregario del hombre, contra la solidaridad y contra los mandatos sociales de convivencia.

Generalmente para contrarrestar ciertos efectos peligrosos o dañinos hace falta una sola herramienta -que muchas veces se pierde en el camino-, ella es la contención.

En ninguno de los casos hay situaciones llamadas buenas o situaciones llamadas malas. Hablamos siempre de situaciones disfuncionales

Contenerse es la palabra.

El Mentor contiene.

Ayuda a frenar a tiempo los impulsos, a redirigir las pasiones, aprender a metabolizarlas, a usar la energía que se genera y ayuda a sublimarla canalizando la violencia.

Ernesto Beibe

También promueve la utilización de estrategias para que la violencia y la agresión externa o interna no paralicen a su Cliente, ni los destruya con el fin de aprender a hacerse cargo de los excesos cometidos en estas áreas, al poder responsabilizarse para comenzar a reparar.

La violencia es un factor que dificulta la convivencia humana y quien regula lo pulsional a través de la ley es la mediación de la cultura. La autoridad y la norma es finalmente el rol que toma el Mentor.

El Mentor contiene. Ayuda a frenar a tiempo los impulsos, a redirigir las pasiones. También promueve la utilización de estrategias para que la violencia y la agresión externa o interna no paralicen a su Cliente

En ser humano practica casi sin límites, la violencia y la agresión hacia sus propias relaciones, hacia su propia familia y hacia su propio cuerpo.

La labor del Mentor es ayudar a tener una idea cabal de esto al darles nombre y sentido a las piedras que el inconsciente pone en el camino a la persona.

El Mentor logra que el Cliente tome conciencia del maltrato, la violencia, la agresión y la agresividad de estas dificultades. Una vez conocida la causa, el antídoto consiste en ayudarle a comprender el por qué de estas conductas destructivas y al mismo tiempo otorgarle al Cliente los recursos para enfrentarse a sus propios impulsos violentos y agresivos.

De este modo logrará preservarse de futuras agresiones contra sí mismo, contra su entorno y contra su familia, con mecanismos de inhibición y al cumplir con las reglas organizadas por la sociedad: "los buenos modales".

Comprender más ampliamente el fenómeno de la violencia y la agresividad le abre la posibilidad de plantearse ser menos violento, agredir menos y dejar de agredirse a sí mismo. Para ello debe revisar "a priori" sus impulsos agresivos y sus posibles ataques de ira y violencia. Debe entender que las pulsiones agresivas acumuladas que produce en contra de la razón y que no consigue descargar de forma funcional, se dan cuando el instinto o cierta pulsión funcionan defectuosamente. Cuando las inhibiciones no existen llegan los accidentes y las enfermedades desproporcionadamente agresivas.

> La labor del Mentor es ayudar a tener una idea cabal de esto al darles nombre y sentido a las piedras que el inconsciente pone en el camino a la persona.

Para eso el Mentor se vale del Genograma que explica muy bien, qué es lo que es privativo de su naturaleza personal así como qué es lo que fue heredado de los ascendientes y los impulsos transgeneracionales. Podrá ver también si el Cliente termina repitiendo situaciones disfuncionales sucedidas en el pasado de su familia como las agresiones, asesinatos, robos entre familiares, agresiones a otras etnias, genocidios, suicidios (el máximo de la violencia) o la agresión ejecutada por manos propias.

Durante muchos siglos el valor de la descendencia fue muy importante y los árboles genealógicos que constataban el origen de una persona se pusieron de moda.

El Mentoring dio vuelta este concepto del orgullo de descender de tales o cuales cientos de antepasados, famosos o no, para poder entender que el individuo es el fruto de muchas generaciones.

Esto generalmente ayudó a que el Cliente se de cuenta que entre tantos antepasados no hay muchos de los cuales él pueda enorgullecerse, sino que por el contrario, ha heredado situaciones vergonzantes, secretos muy guardados de "pícaros" y genocidas, es decir, de destructores del futuro de sus descendientes ya que la memoria transgeneracional no tiene tapujos en aparecer y hacerle más difícil la vida.

El Mentor ayuda a entender que la vida es digna de vivirse en bien-estar y a sentirse cómodo dentro de la propia piel porque eso dará la oportunidad de dejar un legado de honestidad y buenas acciones a sus hijos.

Debe comprender que la palabra es necesaria para canalizar la violencia que él tiene y que se le acumula generando energía agresiva.

El ejercer cada día una dosis de su energía agresiva, manifestando aquello que lo incomoda o aquello que no le resulta justo, no sólo es sustancial, sino que lo ayuda también a mantenerse sano física y psíquicamente.

> **El Mentoring dio vuelta este concepto del orgullo de descender de tales o cuales cientos de antepasados, famosos o no, para poder entender que el individuo es el fruto de muchas generaciones.**

El Mentor puede discernir si vale la pena que se defienda atacando o que utilice formas de apaciguamiento donde el humor es fundamental porque evita subsumirse.

Su guía ayuda a entender que controlar la agresión a través de un veto moral no funciona sino que primero se debe entender por qué se gestó para luego darle un sentido de cómo resolverla, diluirla o transformarla.

Auxilia en la comprensión de que el odio es una forma distorsionada de la violencia porque es una agresión dirigida hacia un individuo, a una persona que se ha amado, porque sólo se puede odiar verdaderamente cuando se ha amado de verdad.

> Debe comprender que la palabra es necesaria para canalizar la violencia que él tiene y que se le acumula generando energía agresiva.

El odio racial tiene otras connotaciones que se contactan con el pasado transgeneracional relacionado con los cambios de territorio, ya sea por un avance contra otros pueblos, por haber sido atacados, violados o desposeídos por otras etnias. Esto es lo que genera la agresión contra personas que no son del mismo grupo; el otro o el extraño, es un enemigo potencial generado casi siempre por memorias de los antepasados, de las relaciones intergeneracionales, de las identificaciones con coetáneos o con víctimas recientes de las guerras y de los desmanes de este siglo y del pasado.

> El entender las diversas formas de agresión y violencia le da al Cliente el poder de actuar con mayor conciencia en su vida tanto para relacionarse con los demás como para consigo mismo.

La labor del Mentor es, por una parte, evitar que el Cliente implosione a través de una úlcera o una gastritis que lo puede perforar o que enferme de una colitis que no pueda parar. Por otra, lo ayuda a elevar su autoestima a través de actos concretos que reafirman su derecho a existir, que tantas veces es lacerado por una cultura que se aparta de la naturaleza humana confundiendo agresión con violencia.

El entender las diversas formas de agresión y violencia le da al Cliente el poder de actuar con mayor conciencia en su vida tanto para relacionarse con los demás como para consigo mismo.

Poder, autoridad y liderazgo

El motivo de este capítulo, coherente con todo el libro que usted tiene en sus manos es aprender a utilizar correctamente las palabras, especialmente aquellas que se utilizan en la vida cotidiana.

Es imprescindible poder discernir entre poder, autoridad y liderazgo porque eso permitirá ubicarse mejor en cuál es el rol de cada uno.

Muchos se confunden cuando creen que tienen poder o autoridad o se auto-denominan líderes; por eso, entender las diferencias es fundamental cuando uno está en una posición de cambio.

Es imprescindible poder discernir entre poder, autoridad y liderazgo porque eso permitirá ubicarse mejor en cuál es el rol de cada uno.

Muchas veces esta confusión hace que las personas tengan conflictos entre sí porque no está claro cuál es el lugar que le corresponde. Porque no está dado por las normas de la empresa; porque alguien de carácter prepotente cree que ya manda y que tiene el poder o porque finalmente se da cuenta que es un mero títere del verdadero poder.

Determinar claramente cuál es el rol, la función y la tarea presupone negociar con la grilla de la empresa, con el aviso del periódico que lo llevó a tomar ese puesto y con el puesto que tomó. Porque finalmente se termina haciendo cualquier otra cosa distinta para la que uno fue contratado y si esto no puede resolverse tampoco se puede establecer claramente quién tiene el poder, la autoridad o el liderazgo en la empresa.

> "El poder es la capacidad de obligar
> a otros a la obediencia.
> El ejercicio del poder rechaza
> cualquier norma ética o moral en favor
> de la razón de Estado y la eficacia.
> Todo es válido en la práctica del poder"
>
> Maquiavelo

Al consultar acerca de los conceptos poder, autoridad y liderazgo, el 90% de las personas opinan que son sinónimos, la misma cosa nominada de distinta manera. Nada más alejado de la realidad.

Poder

No existe poder sin violencia. El poder no se entrega, no se regala, se "apodera el poderoso del poder". A lo sumo el poder se puede delegar, en una entidad burocrática, en un reino, en una empresa.

El poderoso puede delegar el poder en cantidades acotadas a quien él determine.

Por supuesto que nunca los delegados detentarán el poder total ya que está sólo reservado para él.

Para llegar a retener el poder, el mando total, se debe apelar a la fuerza o a la demostración de una posibilidad de ejercer castigos. Son decisiones fuera de toda discusión y se obedecen con total acatamiento por miedo a represalias, a quedar encarcelado, a perder un trabajo, al destierro, a la humillación, a la expulsión, a perder el cariño, al no reconocimiento o al desconocimiento.

> Para llegar a detentar el poder, el mando total, se debe apelar a la fuerza o a la demostración de una posibilidad de ejercer castigos.

El poderoso llega al poder no solo por la necesidad de dominar. Utiliza sus propios atributos, sus armas y su posición privilegiada sobre personas inermes; pero paradójicamente hay quienes le confieren este poder. Hoy se traduce en modernas formas de esclavizarse, alienarse o buscar la protección de la que se creen incapaces de ejercer por sí mismos. Esto significa la búsqueda de depender de alguien para no tener la necesidad de asumir sus propios errores y su responsabilidad o cuidado.

> El Empresario tiene el poder de dejar sin comer a alguna persona con el simple trámite de despedirle, puede castigarlo aún solo con la posibilidad de hacerlo utilizando el miedo como arma, no menos letal que un fusil.

El Poder Legislativo, el Poder Ejecutivo y el Poder Judicial llevan esta calificación porque funcionan con el poder de policía o de ejército y sus herramientas son las armas y la ejecución de las leyes, estemos o no de acuerdo.

El Empresario tiene el poder de dejar sin comer a alguna persona con el simple trámite de despedirle, puede castigarlo aún solo con la posibilidad de hacerlo utilizando el miedo como arma, no menos letal que un fusil.

> **Su poder de humillar puede llegar a ser peor que una cárcel pues dejará un sentimiento de privación de la libertad con cadena perpetua.**

Una persona puede subsumirse con solo tener miedo por algo real o imaginado, en esto no hay fronteras.

Un padre tiene poder sólo por la posibilidad de abandonar, de no reconocer atributos, de expulsar, de no confiar y de otras tantas heridas que se pueden ejercer en seres indefensos como son los hijos. Personas que están pendientes de sus premios y sus castigos. Su poder de humillar puede llegar a ser peor que una cárcel pues dejará un sentimiento de privación de la libertad con cadena perpetua.

La autoridad

> **Sólo la gente segura puede ser autoridad.**

Aquí el tema cambia sustancialmente. Se puede ser autoridad en una materia, en un saber, en una profesión y hasta en un oficio. Sólo la gente segura puede ser autoridad. El inseguro permanente es el que detenta el poder y es quien se vuelve prepotente, autoritario e inflexible porque por lo general lo usa como una defensa de su yo débil.

El prepotente, el mandón o el tirano son personas que sufrieron humillaciones desde chicos y su único antídoto para esos actos de violencia es convertirse en un engreído y prepotente para que "esto no le suceda nunca más".

La autoridad se basa, por un lado, en el carisma y, por el otro, en el respeto con el que cuenta. Suele tener una experiencia cuantificable y organizada para ser transmitida y comprendida, además de seguir aprendiendo sin detenerse nunca.

> **El prepotente, el mandón o el tirano son personas que sufrieron humillaciones desde chicos y su único antídoto para esos actos de violencia es convertirse en un engreído.**

La autoridad se funda en la legitimidad, el respeto y las ganas de ampliar los conocimientos y la persona que esté en contacto va a aprender.

La autoridad no posee atributos de poder: no los precisa.

Su palabra es valorada y por lo tanto las personas se avienen a sus directivas, que no son órdenes, porque se sienten posibilitados de actuar. Queda así legitimada la autoridad y también aquel que recibe consignas pero no órdenes.

> **Su palabra es valorada y por lo tanto las personas se avienen a sus directivas, que no son órdenes, porque se sienten posibilitados de actuar.**

El liderazgo

Es una de las palabras más vilipendiadas de nuestro tiempo.

Los vendedores de chafalonías, ungüentos y elixires mágicos, promueven "cursos de capacitación" acerca del liderazgo con la premisa de que darán clases magistrales acerca del tema a supuestos "dis-capacitados".

Insisten torpemente en explicar la influencia que "debe" ejercer el líder a sus seguidores así como su responsabilidad, su propósito compartido, su posibilidad de incentivar, motivar y evaluar a un grupo.

> Basta con acercarse a un grupo de gente realizando tareas para descubrir inmediatamente quién es el líder que ellos han instituido.

Estos presuntos docentes confunden la palabra liderazgo con jefe de equipo de tareas.

No comprenden que cuando hay un jefe instituido no será un líder natural de las llamadas bases sino que será un delegado del poder que comentamos antes.

Basta con acercarse a una empresa en huelga y se conocerá inmediatamente qué es un líder.

> En la época de las cavernas los hombres necesitaban instituir a un líder que no necesariamente ejercía un poder sobre ellos ni necesitaba demostrar ningún tipo de autoridad.

Basta con acercarse a un grupo de gente realizando tareas, en la industria, en el comercio, en el deporte y en cualquier actividad institucional para descubrir inmediatamente quién es el líder que ellos han instituido.

Los líderes no son resultado de las estructuras modernas. En la época de las cavernas los hombres necesitaban instituir a un líder que no necesariamente ejercía

Ernesto Beibe

un poder sobre ellos ni necesitaba demostrar ningún tipo de autoridad.

Que el liderazgo se haya convertido en un lugar de poder a través de la violencia está a plena vista. Sólo debemos observar a algunos líderes sindicales convertidos poco menos que en emperadores a través de la fuerza y la prepotencia. No son pocos los peligros que entraña estar en desacuerdo con estos pequeños tiranos de nuestro tiempo.

Esto se repite en otras instituciones y de alguna manera son justificados por estos pseudo docentes que dictan o escriben sobre "Cómo convertirse en líder en un curso de un mes", y extienden además un diploma que convalida esta parodia.

> **Al líder se lo instituye en forma natural, sale de las bases y las personas lo reconocen.**

Sería interesante que alguno de ellos o usted mismo lector probara encontrarse en su grupo de pertenencia, levantar un dedo y decir: -"Quiero ser vuestro líder". Por discreción no oirá carcajadas, pero si se fija bien en la cara de los presentes observara un rictus de burlona perplejidad.

Al líder se lo instituye en forma natural, sale de las bases y las personas lo reconocen. Lo seguirán y tomarán su modelo sin que él se lo proponga y obviamente no necesitará el curso de marras sobre cómo debe comportarse. Él ya lo sabe y por eso se convirtió naturalmente en un líder.

> **El poder dura mientras el poderoso tenga armas o un sistema para reprimir. La autoridad seguirá siendo autoridad mientras tenga legitimidad**

> **El líder real dura lo que dura la coyuntura hasta que aparezca uno nuevo.**

El poder dura mientras el poderoso tenga armas o un sistema para reprimir las ideas de quienes no están de acuerdo con él.

La autoridad seguirá siendo autoridad mientras tenga legitimidad, mientras se siga formando y forme a los demás.

Pero el líder puede ser cambiado en un santiamén. El líder real dura lo que dura el estado de ánimo y la coyuntura en un espacio temporal hasta que aparezca un nuevo líder que lo sustituirá en el rol.

Si intentara manipular para quedarse con el rol y la función del liderazgo ya se convertiría, como vimos antes, en un pequeño poderoso que dejará de escuchar a su base para convertirse en poder.

En el camino del líder aparecerán contra-líderes, que son personas nacidas de subgrupos del conjunto que lo instituyera alguna vez.

> **El rol del Mentor es justamente desconfundir y brindar las palabras adecuadas a cada sistema.**

Cuando el líder intente sofocarlo o neutralizarlo comenzará una guerra de poder e intentará convertirse en un poderoso desvirtuando su condición de líder.

El rol del Mentor es justamente desconfundir y brindar las palabras adecuadas a cada sistema, a cada tipo de relación entre las personas. Porque la confusión es la "madre de todos los fracasos" especialmente cuando la conducción no lo tiene en claro. La confusión puede llevar a grandes conflictos y profundas crisis en las instituciones, en las empresas y en las familias.

Ernesto Beibe

Identidad heredada, adquirida y soñada

Hay algunas personas que sólo despiertan admiración. Son aquellos que han logrado todo, que son artífices y dueños de su destino. Que se han desarrollado económicamente y cuentan con el reconocimiento social.

Son quienes cumplieron la misión que se propusieron en la juventud y podría decirse que la cumplieron antes de tiempo, antes de llegar a la vejez. Son ahora, en la mediana edad, lo que siempre quisieron ser.

Pero están insatisfechos, porque perdieron la fe, no pueden ser felices (ver "Crisis de la edad media", pág. 41).

Por lo general tienen entre 45 y 55 años y ciertamente han logrado mucho, con enorme mérito personal, pero comienzan a sentirse incomprendidos. Se pelean con todo el mundo, tienen días en que se levantan sin una razón para seguir viviendo, se preguntan: ¿qué hago yo los próximos 40 años? ¿Compro otra empresa, agrando mi capital, presido un club, viajo alrededor del mundo?

Pero todo esto sería hacer más de lo mismo porque entra dentro de ese proyecto anterior por más desarrollo sin fin que uno le pueda dar.

> **"Los que perdieron la fe" suelen estar entramados entre la identidad heredada de sus padres y la identidad adquirida dentro de la cultura donde se desenvuelven: económica, familiar y socialmente.**

Las respuestas suelen estar dentro de ellos y en la propia historia familiar. ¿Cómo llegaron a dónde están? ¿Gracias a quién y en contra de qué?

"Los que perdieron la fe" suelen estar entramados entre la identidad heredada de sus padres y la identidad adquirida dentro de la cultura donde se desenvuelven: económica, familiar y socialmente.

La identidad heredada

Inconscientemente, todos los individuos cargan con los deseos que sus progenitores no pudieron cumplir tales como ciertas tareas pendientes o deseos consientes de ellos que los fueron modelando.

Muchos lo hicieron a favor y otros en contra de estas influencias. Este sistema de valores y creencias se desarrollaron en un ambiente determinado, en la sociedad en donde se mueven.

Cuantas más cosas la persona pueda incorporar a su "identidad heredada", de la sociedad donde está inmersa, más podrá alejarse de quedar pegada a los valores y creencias de sus padres obteniendo así, una mayor independencia en sus actos.

La identidad adquirida

Los empresarios, altos empleados o profesionales de mediana edad a los que nos referimos, tienen resuelto el éxito económico, familiar y social. Algunos llegaron a combinar estas dos identidades, "la heredada" y "la adquirida", para concebir un plan de vida y de trabajo. Adquirieron de esta manera, una identidad cada vez más propia, sin desobedecer mandatos familiares y negociando con identidades heredadas.

La identidad soñada

Pero este algo que les falta, eso que no pueden encontrar, es la articulación entre la identidad heredada y la identidad adquirida, este algo que les falta es incorporar la "identidad soñada".

En la medida en que no se permitan pensarla, desarrollarla e ir tras ella, estarán limitados para conquistar lo que realmente quieren.

Veamos dos ejemplos, el de un industrial que partiendo del oficio de tornero de su padre, edificó una gran metalmecánica exportadora, pero es incapaz de pensarse estudiando porque en el fondo se sigue sintiendo atado a una herramienta para moldear el hierro.

> Este algo que les falta, eso que no pueden encontrar, es la articulación entre la identidad heredada y la identidad adquirida, este algo que les falta es incorporar la "identidad soñada".

O el de un nieto de inmigrantes que ha logrado su propia empresa luego de tres generaciones de esfuerzo y sin embargo nunca se planteó qué es lo que sueña para él. Vive de la heredad que es como vivir de prestado.

> **Hecho ya un camino, sin perder lo que se consiguió, ¿por qué abstenerse de encontrar una nueva manera de ser? Una manera propia.**

Estos conflictos personales se han agudizado en las últimas décadas. De alguna manera es responsabilidad de la ciencia y de los avances de la medicina porque hace apenas un siglo la esperanza de vida era de cincuenta años, a los treinta se lograba la madurez afectiva y familiar. El momento de inflexión, el momento de la crisis se daba a esa temprana edad.

Además, estos estados de ánimo apenas se percibían. La sociedad estaba organizada con cierta inmovilidad en los roles, funciones y tareas. Uno era gerente hasta jubilarse, los matrimonios estaban unidos "hasta que la muerte nos separe", los negocios eran estables y las cadenas de sucesiones eran fluidas.

> **La certeza para "los que han perdido la fe" es que tienen treinta años por delante que pueden aprovechar para empezar a vivir plenamente.**

En estos tiempos, en donde las actividades son cada vez más vertiginosas y donde los negocios evolucionan sin dar respiro, la prolongación de la esperanza de vida se extiende más allá de los 80 años. El cambio de paradigma es muy notable, hoy la persona de mediana edad puede y debe adaptarse a los cambios externos y eso debe ser acompañado y acompasado con cambios internos.

Hecho ya un camino, sin perder lo que se consiguió, ¿por qué abstenerse de encontrar una nueva manera de ser? Una manera propia. Perseguir las verdaderas apetencias, llevar a cabo los sueños que no se atrevía ni a plantearse. O sea, buscar una nueva forma de ser feliz con un proyecto.

Un "proyecto", una palabra tan simple y tan compleja.

Puede ser quizás en el orden de lo artístico, viajar, comenzar a estudiar algo distinto o crear una nueva empresa. Es una especie de re-orientación vocacional.

La certeza para "los que han perdido la fe" es que tienen treinta años por delante que pueden aprovechar para empezar a vivir plenamente.

Con su madurez, lo que les queda de vida puede ser su etapa más feliz, mucho más que los anteriores treinta años que pasaron sin que se dieran cuenta.

La felicidad no es sólo un derecho propio sino un beneficio para la familia. Y si un individuo puede descubrirse a los cincuenta o sesenta, deja además, una enseñanza para sus hijos; "papá pudo cambiar y aprender algo a esta altura de la vida". La consecuencia de esa experiencia logra resignificar la figura paterna y lleva a vivir con plenitud preparándose con juventud para la vejez.

> Para volver a acometer la vida con entusiasmo, para poder llegar a viejo, pleno de juventud y de vida, es imprescindible plantearse un nuevo proyecto vocacional, que sin perder nada de lo que se tiene, pueda ubicar a la persona en un nuevo soñar.

Para volver a acometer la vida con entusiasmo, para poder llegar a viejo, pleno de juventud y de vida, es

imprescindible plantearse un nuevo proyecto vocacional, que sin perder nada de lo que se tiene pueda
ubicar a la persona en un nuevo soñar, en un reverde-
cer de la voluntad y de la gratificación.

El Mentor ayuda a su Cliente a poder reconquistar el
juego y armar nuevas estrategias, en fin, ayudarlo a
permitirse una vez más, o tal vez por primera vez, ser
él mismo.

TERCERA PARTE

METÁFORAS Y CONCEPTOS

Introducción
Buscando salidas
Descargar agresiones
Lo aparente y lo real
Pensamiento estratégico
Crisis de la mediana edad
Aislarse tiene un límite
El camino de la independencia
La maledicencia
Camino del duelo
Proceso y producto
Fijar posición
Comunicaciones claras y sin dudas
Cortar la dependencia
Falsa escuadra y equilibrio
Utilizar bien la violencia

Introducción

Dentro de las técnicas de diagnóstico y cambio en Mentoring se usa permanentemente la metáfora para ilustrar al Cliente los posibles caminos de salida a los conflictos y crisis en la cual está inmerso en las distinta fases de su tratamiento.

Como una imagen vale más que mil palabras, para casos específicos se utiliza la metáfora en forma de diseño, he incluido aquí una serie de estos dibujos que son materia habitual en cada sesión de trabajo.

Acompañaré lo gráfico con una breve explicación, porque estos conceptos dibujados sirven como comodines para utilizar en cualquier momento del tratamiento que esté atravesando el Cliente, a quien una y otra vez agradezco la confianza que me dispensa, porque confianza deriva de Fe y como dice el dicho popular: "La fe puede mover montañas".

A   B

Buscando salidas

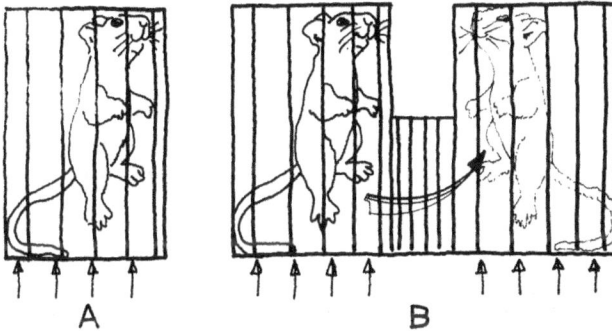

El experimento en cuestión es armar y colocar una jaula individual por un lado, y por el otro, dos jaulas idénticas a la primera
pero que tienen un pasadizo que las une.

Una rata en la jaula individual y otra rata en la jaula doble.

Ambas ratas reciben una descarga eléctrica en el piso de igual
intensidad y en el mismo periodo de tiempo.

La que está encerrada sola, al cabo de unos minutos, comienza
con pérdidas de pelo, taquicardia y un masivo ataque de estrés.

En cambio, la que habita las dos jaulas, cuando recibe el primer estímulo escapa por el pasadizo a la segunda jaula. En esta
segunda jaula vuelve a recibir descargas del mismo tipo y en el

mismo tiempo, y vuelve nuevamente a su primer jaula. La diferencia es que la segunda rata no muestra signos corporales ni de miedo ni de estrés.

Se adapta a la situación de pasar de una jaula a la otra y adquiere esa conducta en forma natural.

Estas situaciones son las que vemos cada día en las personas. Por ejemplo los casados tienen su jaulita pero pueden escapar a otra jaulita, volver y volver a escapar. También en quienes tienen un trabajo que los agobia pero pueden trabajar alternativamente en algún otra labor que les da placer.

Cuando una persona está encerrada en una situación y no puede moverse de allí, es consumido por el estrés; pero si logra y puede pasar de una situación a otra permanentemente, no se deteriorará y siempre encontrará una salida.

Aunque ninguno de los lugares sea su paraíso, es importante agenciarse de otro lugar de interés ya que será un nuevo espacio de acción para poder salir de los lugares que lo aprisionan. También se pueden seguir agregando jaulas y pasadizos para poder hacer este recorrido y lograr quedar incólume frente a la situación de estrés.

Descargar agresiones

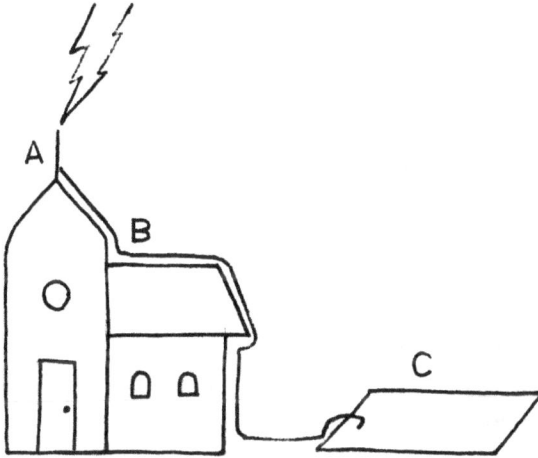

Existen una cantidad de circunstancias en la vida donde una persona recibe descargas de agresión que terminan paralizándola no encontrando la manera de preservarse porque no sabe cómo responder a esas agresiones.

El pararrayos funciona con una punta de aguja instalada en la parte más alta de una casa, de una iglesia o de una torre.

Esta aguja está conectada a un cable de bajada de cobre, que llega hasta la tierra, donde hay colocada una chapa de cobre de mucho grosor, y mide por lo menos un metro por un metro.

La función de la chapa de cobre es ser la de difusora de la cantidad de energía y potencia que descarga el rayo, si no existiese esta fuente de dispersión se quemaría la casa.

Con las personas esto sucede de la misma manera, porque suele haber encuentros o entrevistas muy cargadas de agresión por parte del interlocutor.

Muchas veces hay oportunidades de devolver la agresión o atenuarla, pero cuando esto no puede suceder, la fórmula es apoyar muy firmemente las suelas de los zapatos en el piso. Eso reemplazará a la chapa difusora de cualquier estímulo, agresión o electricidad, que esté dirigida hacia él.

La idea es situarse mentalmente en un recorrido corporal donde lo que él recibe como agresión pueda descargarlo a través del cuerpo, como si estuviese atravesado por un cable de cobre y, de esa manera, hacerlo llegar al piso que con los pies bien apoyados en la tierra, para que funcione como difusor del ataque.

Beibe

Lo aparente y lo real

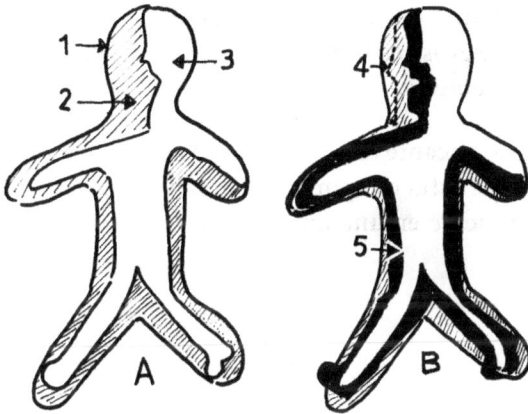

<u>Figura A</u>

Hay personas que viven con una falsa personalidad organizada en función de lo que la persona quisiera ser o de lo que el medio le exige.

Están cubiertas por una estructura externa (silueta1) que los muestra cómo deberían ser, cómo organizar su manera de actuar y su forma de darse a conocer. Esta es la manera como se conectan con los demás.

Pero esta estructura con la que se muestra en el medio en el cual se desenvuelve, no le permite ni siquiera tomar conciencia de quien es verdaderamente (superficie 3).

La superficie 2, marca el espacio que existe entre la persona real y lo que la persona quiere demostrar, es decir, quién es frente a sus ojos y frente a los ojos de los demás. Pero este espacio esta lleno de peligros, especialmente uno. El peligro de descubrir quién realmente es.

Este espacio vacante es el que se llena de ansiedad, de angustia, de estrés y de esfuerzo por la necesidad de agrandarse sabiendo que esta inmerso en una impostura.

Figura B

El trabajo del Mentor es lograr que esta persona se desarrolle desde su esencia, desde lo que tiene y lo que realmente es (superficie 5) Hacerlo crecer desde adentro para que comprenda todo lo valioso que sí tiene.

Con su guía buscará que se vaya acercando a esta figura que es una superestructura, con el objetivo que se sienta cada vez más auténtico (Fig. 4).

Cuanto más se acerque a esa figura deseada, tanto para él, como para el resto de sus relaciones, el monto de la angustia y la ansiedad pierde fuerza, se diluye, y ese lugar lo ocuparán nuevos conocimientos y nuevas fuerzas instrumentales.

Ernesto Beibe

Esto, a la vez modificará la imagen exterior que luego se acomodará a la verdadera personalidad del Cliente.

Muchas veces en este camino de reacomodar a la persona verdadera vamos a ver que hay lugares que crecerán más y otros lugares que crecerán menos.

Es entonces cuando el trabajo de adaptar lo deseado a la realidad se hace más arduo porque hay que negociar, no solamente con la imagen de cómo lo verán los demás, si no como él mismo puede adaptarse a su nueva forma de verse y de actuar.

Pensamiento estratégico

El nombre "estratega" proviene del francés stratège, luego de una traducción del griego στρατηγός. Cuando en la antigua Grecia se declaraba una guerra, se designaba con la palabra estratega a la persona que contaba con conocimientos en el "arte de la guerra". Esta denominación incluía además a quien poseía como valor principal, un poder de observación y discernimiento superior.

El estratega buscaba un lugar elevado desde donde observar el movimiento de su propio ejército y el del enemigo. (ver figura 1)

No sólo tenía la capacidad de observar, recordar y analizar los movimientos de las tropas, sino que contaba con la posibilidad y la habilidad para transmitirlo.

Era quien podía discernir la capacidad de acción de cada uno de los ejércitos y desentrañar los camuflajes.

Una vez que tenía el cuadro completo armado, bajaba y se reunía con el gobernante. Allí montaba en una mesa de arena la maqueta en donde representaba a los ejércitos y reproducía exactamente lo observado. (figura 2).

Su rol de estratega no incluía la toma de ninguna decisión porque él no integraba la cadena de mando. Su misión era únicamente la de observar y luego transmitir.

Los movimientos del ejército dependían de la decisión del monarca, que por supuesto tomaba en cuenta las opiniones del estratega. Pero el monarca además debía tener en cuenta otros temas: las fuerzas de reserva con las que contaba, cuánto alimento y armas debía disponer para movilizar las tropas, cómo estaban instruidos sus soldados, quién los preparaba, y sobre todo, tener en claro el por qué de la guerra, o sea, cuál era su objetivo.

Si se estaba defendiendo o si atacaba, si quería conquistar territorio o estaba defendiendo el propio, si existían condiciones de concretar alianzas con otros reinos, cómo negociar las ayudas, o qué entregar a cambio a sus eventuales aliados.

Pero la realidad es que toda esta fuerza propia junto a la ayuda de sus aliados, no le alcanzará nunca al monarca para llegar a la victoria si no tiene a su lado a alguien con pensamiento estratégico.

Él mismo no podría desarrollarlo porque no es posible estar colina arriba, colina abajo y además ocuparse de la logística de la empresa bélica en la que está sumido.

Si llevamos esta situación a nuestra tarea, el Mentor, al igual que el estratega, no está dentro de la línea de mando sino que utiliza sus saberes y su mirada mas allá del conocimiento de los que están en el ruedo y de quienes lo dirigen.

El Mentor es quien le muestra al Empresario / Cliente la realidad de los hechos y discute con él sobre la forma de resolverlos, pero siempre será éste quien desarrolle su propia visión, el objetivo a dónde quiere llegar, con qué elementos cuenta, si se defiende o trata de llegar mas allá, así como cuáles son las alianzas que le conviene y cuáles no. En esta balance el Cliente también educa a sus empleados y los asiste para poder evaluar sus propias fuerzas desde lo concreto y no desde las fantasías. De esta manera el trabajo de Mentoring logra entrar en el proyecto que ya no es sólo el económico sino que forma parte del proyecto de vida del Cliente.

El Mentor tiene un valor agregado, no sólo es el estratega y el que tiene la visión. No sólo evita que el empresario esté continuamente subiendo y bajando la cuesta o saliendo y entrando de la trinchera, sino que también lo educa, no para que sea un estratega, sino para que el Cliente pueda adquirir un pensamiento estratégico.

En este pensamiento estratégico lo principal es lograr poner el concepto antes de la acción, pensar y evaluar antes de actuar. Por lo general, el Cliente, hasta la llegada del Mentor, no puede pensar sino que sólo puede actuar y la acción pura sin estrategia lo puede llevar a ser un héroe o a morir en el intento.

Ninguno de los extremos es aconsejable. No hay nadie mejor que él mismo para saber cómo realizar su tarea diaria y concreta. Pero para que pueda utilizar un pensamiento estratégico debe necesariamente tener a alguien como el Mentor que le enseñe a hacerlo.

Crisis de la mediana edad

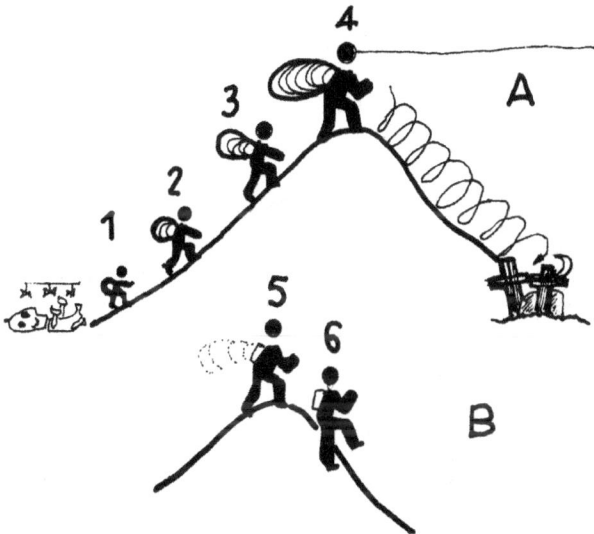

Gracias a la medicalización de la economía (tras la Segunda Guerra Mundial, la medicalización deviene en el equivalente de una "cultura de la salud= bienestar", claramente visible en la sociedad posmoderna), el promedio de vida de una persona de nuestros tiempos, se ha alargado de forma considerable.

Hoy se llega fácilmente a los 90 años lúcidamente, tomando en cuenta el lapso de vida que va desde el nacimiento a la muerte, podemos promediar una edad donde sucede algo muy impactante en el ser humano, que es cuando llega a una cima situada entre los 35 a 55 años desde donde vislumbra la finitud de la vida.

Como esta persona se consideraba inmortal hasta alcanzar la noción de finitud, se desata entonces una crisis denominada "crisis de la edad media" o "crisis de la mediana edad".

En el gráfico A, vemos en la Fig. 1 al niño que sus padres envían al parvulario, cargado de buenas intenciones más las ilusiones que lleva a cuestas con los sueños y las esperanzas de los padres.

En la Fig. 2 el niño se convierte en un adolescente que cursa la escuela secundaria, donde siempre hay algún profesor que influye o alguna materia que le interese especialmente y por lo tanto agrega a su mochila proyectos e ilusiones para cuando sea más grande.

En la Fig. 3 este joven está terminando la universidad, busca novia que luego quizás se transforme en su esposa, posiblemente traiga al mundo un par de hijos y como es natural, sigue llenando su mochila de proyectos e ilusiones, no solamente para él sino para toda su familia.

En la Fig. 4 vemos que ha llegado a la cima que graficamos como la mitad de su vida y que corresponde a la edad entre 35 y 55 años.

Cuando llega a la cima se da cuenta que la vida es finita, si va con su mochila repleta de ilusiones, proyectos e ideas acerca del futuro, lo más probable es que cuando comience a bajar la pendiente tropiece y caiga aceleradamente por toda la carga y peso que lleva a cuestas, derrumbándose con sensaciones de fracaso producto del darse cuenta que no pudo realizar todo lo que tenía soñado y previsto.

La función del Mentor, no es hacerle cortar con todas sus ilusiones del pasado, sino ayudarlo a discernir qué es lo que puede ser viable y que no.

En el gráfico B, vemos en la figura 5 cómo gracias a la asistencia del Mentor, el Cliente puede limpiar su mochila de todas las ilusiones y todos los proyectos que ya no podrá resolver, aumentando de esta manera su capacidad de tolerancia a la frustración, para quedar portando sólo lo esencial y su propia vocación, o sea, su "identidad soñada".

En la figura 6 vemos que el individuo va bajando con lo esencial, agregando lo que aprende de los emergentes contemporáneos, integrándolo y comenzando a vivir una vida donde nuevos proyectos le van a permitir tener nuevas esperanzas y le agregarán juventud a su devenir. Bajará entonces la pendiente de la vida con un espíritu joven, porque lo importante es llegar a vivir joven dentro del cuerpo de una persona mayor.

Las crisis son importantes porque posibilitan la generación de nuevos equilibrios, tales como el sentirse más liviano y más joven, sentir que no le debe nada a nadie y que puede preocuparse por su integridad y por aprender cada día una cosa nueva para su bien-vivir.

Aislarse tiene un límite

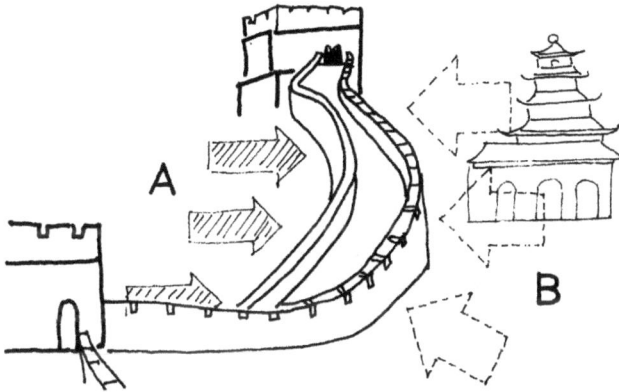

Si una persona está excedida en cuidados, se beneficia al poder conservar su integridad.

Sin embargo, también puede caer en la paradoja de la Gran Muralla China.

La muralla fue construida como defensa contra los bárbaros para evitar que puedan entrar para saquear y masacrar.

Pero la muralla, paradojalmente, impidió durante casi 4000 años conectar a China con el resto del mundo.

En la vida cotidiana, existen determinadas maneras para cuidarse que son menos forzadas, de mayor utilidad, más seguras y que evitan caer en el aislamiento (ver "Fijar Posición").

Ernesto Beibe

El camino de la independencia

La función del Mentor es la de ayudar a transitar la calle de la Integridad (Fig. 1).

Si la persona no es íntegra no podrá llegar a la intersección con la siguiente avenida, es decir la avenida de la Libertad (Fig.2).

Una persona sin integridad no podría ni asomarse a esta avenida. Pero cuando aprende a transitar íntegra y velozmente por la avenida de la Libertad, alcanzará finalmente la autopista de la Independencia (Fig. 3).

La fase final del tratamiento de Mentoring es llevar a una persona a la situación de ser totalmente independiente.

Para lograrlo deberá constituirse en ser una persona libre, es decir tener integridad, determinación y valores morales. Si no logra pasar de esta calle sólo perderá oportunidades por no ser libre e independiente

La Maledicencia

Cuando Marta (Fig. B) le dice a Susana (Fig. A) que Ana (Fig. C) habla mal de ella porque dice cosas realmente ofensivas y le cuenta cada detalle de la conversación, lo que consigue es que Susana (A) se pelee con Ana (C).

En realidad, si Marta (B) fuese tan buena amiga como pretende serlo, se hubiese dirigido a Ana (C) para explicarle y neutralizar todas las falsedades que se hablan de Susana (A), la hubiese defendido y no le hubiese permitido seguir hablando mal de su amiga.

Lo que sucede en este caso es que Marta (B) opina las mismas cosas sobre Susana (A) pero es tan cobarde, además de maledicente, que se quita toda responsabilidad frente a ella e induce que toda la rabia de Susana (A) se dirija hacia Ana (C).

Así, Marta (B) queda exenta del conflicto y "limpia", porque miente denominándose como "una muy buena y leal amiga" cuando en realidad es una enemiga solapada y maledicente.

Camino del duelo

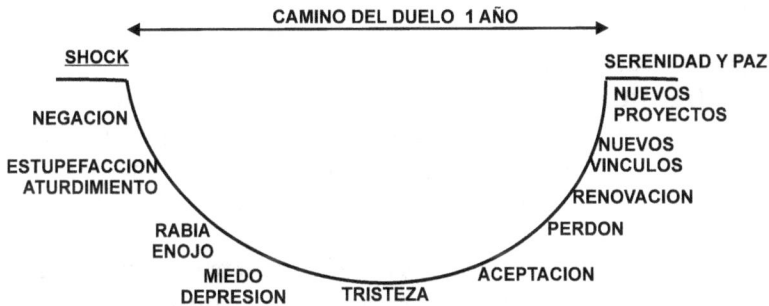

CAMINO DEL DUELO 1 AÑO

SHOCK

NEGACION

ESTUPEFACCION
ATURDIMIENTO

RABIA
ENOJO

MIEDO
DEPRESION

TRISTEZA

ACEPTACION

PERDON

RENOVACION

NUEVOS
VINCULOS

NUEVOS
PROYECTOS

SERENIDAD Y PAZ

Nacemos con pérdidas y morimos con pérdidas.

Durante la vida las personas sufren muchas. Estas van desde la pérdida del lugar de privilegio dentro del vientre materno, hasta el perder un padre, una madre, un hijo o un esposo.

Pero también se puede perder un trabajo, un negocio, un status social o bienes adquiridos con esfuerzo o con amor.

Los dolores por la pérdida se elaboran con el tiempo.

No obstante, es habitual ver que las personas confunden la tristeza con la depresión aunque son situaciones muy distintas.

Son estados que comparten varias sensaciones y síntomas,

como el trastorno del sueño y el apetito, escasa energía, fatiga, mala concentración, descenso del rendimiento laboral, aislamiento social y sensación de culpabilidad.

Pero, nuevamente, la tristeza y la depresión no son la misma cosa.

Cuando sucede el shock de una pérdida la persona comienza a transitar distintas emociones y fases, que si bien las he agrupado en función de una claridad de comprensión, no necesariamente se suceden unas a las otras de manera lineal, sino que se yuxtaponen, se alejan, retornan y se confunden.

No son reacciones privativas ante la muerte sino que se manifiestan también ante las pérdidas de distinto tenor.

NEGACIÓN

La primera reacción frente a cualquier pérdida, es negar la realidad de la noticia que conmueve: "Esto no me puede estar pasando a mí".

ESTUPEFACCIÓN - ATURDIMIENTO

Es una insensibilización, una protección natural, un adormecimiento de las sensaciones y las percepciones. Es un antídoto natural y corporal frente al sufrimiento

Ernesto Beibe

NEGOCIACIÓN

En esta etapa surge la esperanza de que es posible retrasar la pérdida o tratar de volver a foja cero.

La frase que resume esta etapa es: "¿Qué hubiera sucedido si...?".

RABIA- ENOJO

Es una sensación de ira al sentirse abandonado por una persona fallecida, por no haber cuidado suficiente el patrimonio o por acusar a su cónyuge de todos los males y pérdidas que le suceden. En general, el individuo siente que hubiese podido tomar previsiones adecuadas.

La frase característica es: "¿Por qué yo? ¡No es justo!".

CULPABILIDAD

La persona se culpabiliza y se hace cargo, cree que no ha hecho todo lo posible para evitar la pérdida.

Tal vez no lo hubiese podido evitar, sin embargo, según el grado de inseguridad con el que transita la vida, no puede discriminar entre culpa y responsabilidad.

SOLEDAD

La sensación de quedarse solo generalmente se manifiesta con el deseo de que todo vuelva a comenzar. Incluso, la sensación de soledad se da en quien perdió un teléfono celular o se le borró el disco rígido de la computadora.

MIEDO

Se manifiesta corporalmente a través de ligeros efectos de ahogo hasta sensaciones de angustia, ansiedad y ataques de pánico. Es el miedo de no poder reconstruir los afectos perdidos, y en el caso de la pérdida de una persona querida, miedo a la propia mortalidad.

DEPRESIÓN

Es una sensación de miedo e incertidumbre ante lo que vendrá.

Es el momento en donde el individuo se encuentra a sí mismo y tiene la opción de medir sus fuerzas. Seguramente sentirá que se preocupa mucho por cosas que no tienen demasiada importancia. Aquí es cuando se da el discernimiento y la reflexión para comenzar a aceptar la situación. "Me hace mucha falta lo que perdí", "¿Cómo seguir?". Este proceso le permite reflexionar sobre el sentido de la vida así como sobre lo que quiere a partir de este período.

TRISTEZA

Es una emoción dolorosa, intensa y nueva que no se debería reprimir. Pero hay que saber manejar la violencia encubierta que conlleva. Es una violencia que el individuo siente con la misma intensidad como si le fueran arrebatadas las cosas de las manos.

Este momento es el de la inflexión, porque a partir de este instante comienza la etapa de la cicatrización.

La violencia es una fuerza poderosa que se necesita instrumentar para poder seguir adelante.

ACEPTACIÓN

Es el momento en donde el individuo hace las paces con la pérdida y se permite una oportunidad de vivir a pesar de lo perdido.

Es un marco que cede para iniciar un proceso de aprendizaje en donde finalmente se comprende que es posible convivir con esta pérdida y continuar dentro de una realidad, que en el caso de un familiar, ya no estará.

Cuando se trata de la pérdida de objetos surge la idea de poder reponerlos y si son relaciones siente que va a poder repararlas.

La frase que resume la esencia de esta etapa es: "Todo va a estar bien".

RENOVACIÓN

La rutina diaria toma un mayor protagonismo en la vida al tiempo en que se van diluyendo los sentimientos de culpa. Esta introspección le permitirá realizar una evaluación de su vida y analizar cuál es el crecimiento obtenido durante este proceso a partir del cumplimiento de los asuntos irresueltos.

Esto se debe a que ya es capaz de observar que las cosas malas le suceden a la gente buena y a la gente mala, por lo que la muerte no es percibida como un "castigo" sino como parte de la vida.

NUEVOS VÍNCULOS

La etapa consiste en aceptar la nueva realidad cotidiana y comprender que será permanente de ahora en adelante. Se trata de que aprenda a convivir con su pérdida y que pueda crecer a través del conocimiento de sus sentimientos. Comienza a depositar sus energías en las amistades y en sí mismo.

NUEVOS PROYECTOS

Aquí la presencia del Mentor suele resultar clave. El descenso de energía mental que produce estar preocupado por una pérdida es muy notorio, por lo tanto el Mentor sugiere que no tome inmediatamente decisiones importantes que puedan cambiar la vida de su Cliente.

Por ejemplo, que no venda la empresa irreflexivamente, o en el caso de un divorcio que el cónyuge no se vuelva a casar inmediatamente puesto que el individuo ya tiene suficiente con intentar superar la situación. Mientras se hace frente a nuevas circunstancias no conviene tomar decisiones importantes.

Pero tampoco el Mentor permitirá que el Cliente organice una negación frente al hecho de la pérdida. El Mentor no favorecerá determinadas salidas maníacas que retarden el tránsito por la curva del duelo.

La persona llegará a la serenidad y a la paz necesaria sin reacciones maníacas. Lo logrará en la medida que logre cicatrizar las heridas y volver a la normalidad.

Proceso y Producto

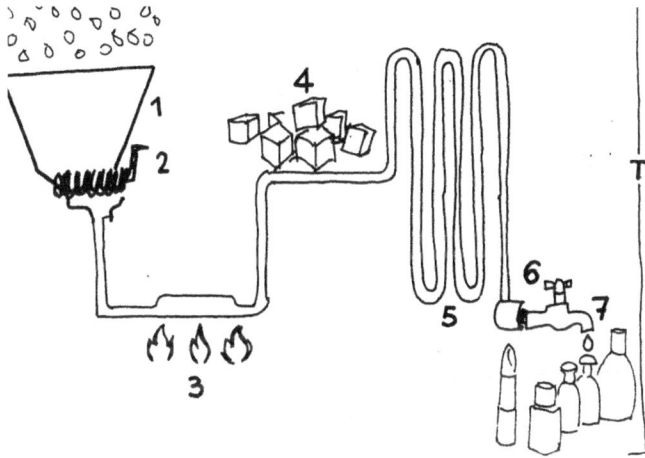

Para lograr un producto, es importante entender que hay que pasar por un proceso, y todo proceso está enmarcado por un tiempo y en un espacio.

Colocamos en una tolva una tonelada de pétalos de rosa (Fig. 1).

Los pétalos caen por gravedad y pasan por un rodillo mecánico cuyas funciones son, por un lado exprimirles el jugo, y por el otro, desechar lo que queda seco y no sirve (Fig. 2).

El líquido exprimido va a pasar por una fuente de calor y al llegar al punto de ebullición lo convertirá en gas (Fig. 3).

Este gas sigue por un circuito cerrado y recibe un golpe de refrigeración que lo vuelve a convertir en líquido (Fig. 4).

El líquido debe madurar y pasar por una cantidad de conductos. Al transitar este camino, fermenta y se convierte en alcohol (Fig. 5).

Cuando el líquido extraído de la tonelada de pétalos de rosa se degrada y se convierte en alcohol, porta el aroma original de las rosas, pero es necesario que pase por un filtro para eliminar cualquier exceso de impurezas (Fig. 6).

Finalmente se convierte esa tonelada de pétalos en un litro de gotas de esencia de rosas (Fig. 7).

Esta esencia podrá ser utilizada diluyéndola en glicerina para convertirla en un lápiz de labios, puede diluirse en alcohol para convertirse en perfume o quizás pueda utilizarse dentro de un aerosol como desodorante de ambientes.

Este es un ejemplo del trayecto por el cual tiene que transitar un proyecto.

Un proyecto debe seguir una línea de tiempo y espacio y realizar los mismos procesos que han seguido los pétalos de la rosa.

Ubicarse en un tiempo y un espacio, recorrer un camino pautado que debe ser lo suficientemente largo para poder madurar, pasar por una compresión mecánica que es el índice de factibilidad y utilizar fuentes de energía para generar calor o frío, son los pasos mínimos necesarios para que finalmente uno pueda obtener un producto final.

En suma, se necesita tiempo, espacio, energía y paciencia para llegar a conseguir un resultado final. Esto es aplicable al trabajo, a las relaciones, al estudio y a un sin fin de actividades que se proponga cada individuo.

Así es la tarea del Mentor, un proceso donde a través del tiempo de tratamiento, con mucha energía y con mucha paciencia, puede lograr comprender cuál es la esencia de la persona y ayudarla para que sus productos finales puedan surgir con éxito.

Fijar posición

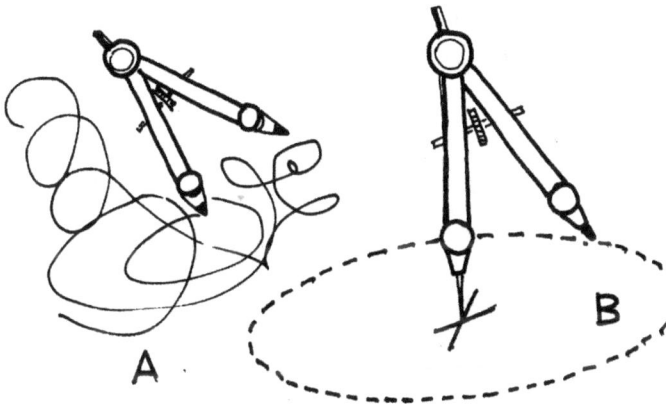

Cuando uno funciona como un compás que tiene como puntas dos minas de lápiz, no puede lograr armar un círculo, sino que dibujará garabatos sin sentido en una hoja de papel (Fig. A).

Sin embargo, si uno de los brazos del compás termina en una punta de acero muy afilada y uno puede fijarla, aun perforando muy profundamente, se puede dibujar un círculo perfecto (Fig. B).

Lo importante es que este círculo sea cribado, o sea, no una línea completa sino discontinua, tal como se grafica una frontera en un mapa.

Y es exactamente esto: uno traza una frontera.

Es una frontera donde uno deja pasar a quien quiere y decide dejar afuera a quien uno no quiere cerca. Esto es lo más importante en el momento que uno toma posición.

Permite además tomar distancia de los demás y no marearlos como un compás de doble mina.

Comunicaciones claras y sin dudas

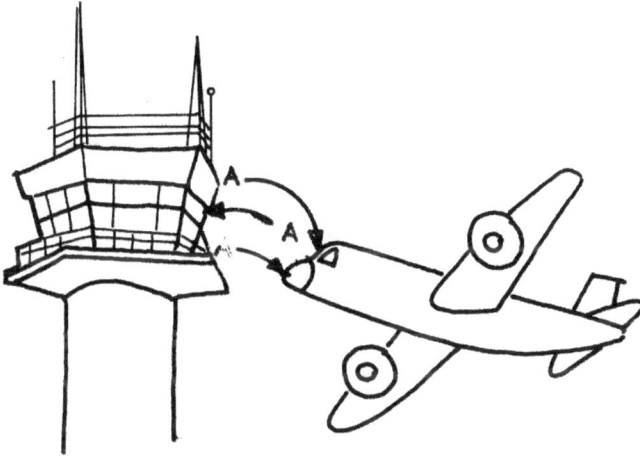

Cuando la torre de control de un aeropuerto le designa a un piloto una pista para aterrizar: "aterrice en la pista A", es norma internacional que el piloto deba repetir: "aterrizo en pista A", y la torre vuelve a reiterar: "aterrice en pista A".

O sea que la consigna se repite tres veces para que quede claro entre las partes y no haya confusiones ni accidentes.

Por eso cuando el Mentor le propone o le explica algo al Cliente es muy importante pedirle que lo repita para ver que no haya malentendidos, en cuyo caso el Mentor lo vuelve a afirmar o a explicar hasta que el tema quede comprendido.

Cortar la dependencia

Lo que muestra la figura es un juego de pelota-paleta en donde ambos elementos están unidos por un elástico.

La paleta le pega a la pelota y, la pelota, sigue volviendo para que le peguen.

Pero a la vez, cada vez que la pelota vuelve, golpea a la paleta.

Si se corta el elástico, la paleta sentirá que ya no tiene una función en la vida. Al mismo tiempo, la pelota siente que si no la golpean va a quedar tirada en el suelo y nadie jamás la va a ver, y si la ven será para volver a golpearla.

Triste destino de estos dos componentes.

Pero peor es cuando en vez de estos dos elementos la situación se da entre personas. Dos individuos que están unidos como por un elástico y que realizan un juego permanente en donde los dos terminan golpeados.

Sin embargo ellos no se pueden separar por temor a la pérdida de las funciones que tiene cada uno.

Esto sucede en la vida real, entre madres e hijos, parejas, patrones y empleados y en un sinfín de realidades.

La labor del Mentor no es cortar el elástico sino ayudar a buscar un camino, donde cada uno pueda ser útil para otro juego, porque la vida sigue.

Ayudará a buscar carreteras discernidas para detener la dependencia. El objetivo será que cada uno pueda asumir nuevos roles y nuevas funciones de forma independiente.

Falsa escuadra y equilibrio

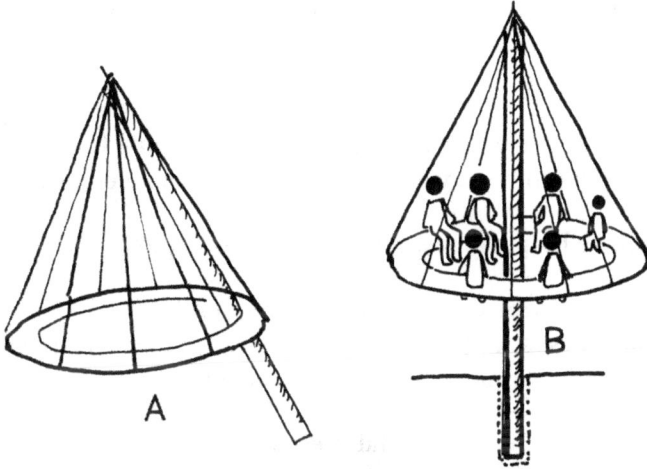

A

B

En el conjunto de juegos infantiles de muchas plazas en el mundo existen los tiovivos que son como calesitas que tienen la particularidad de tener un poste de madera central y en su extremo más alto tiene colocado un eje de metal.

Este eje está rodeado por una argolla desde donde parten alambres muy resistentes y rígidos que sostienen una plataforma circular, generalmente de madera, que sirve de asiento para niños y adultos que giran y a la vez se columpian.

Es realmente un juego antiguo pero que nunca perdió vigencia.

Si el eje central esta desenterrado o inclinado (Fig. A), el tiovivo quedará paralizado y el eje tendrá todas las probabilidades de caerse, malogrando el juego e hiriendo a la gente que se caerá y se golpeará fuertemente.

Para poder resolver el problema del eje torcido es muy importante cavar un agujero en el suelo o ahondar el que ya existe para insertarlo correctamente y que quede perfectamente vertical (Fig. B).

Si realmente el eje está inclinado, con un poco de fuerza, cualquiera puede volcarlo y generar el daño que ya mencioné.

En cuanto a las personas, este fenómeno se repite.

Cuando alrededor de alguien gira una familia, un comercio o sus relaciones, si la persona está en una perfecta vertical, no sentirá el peso y todo girará armónicamente.

Pero si la persona está en falsa escuadra, no sólo se detendrá todo lo que gira a su alrededor y depende de él, sino que se clavará el movimiento y deberá soportar con mucho dolor semejante peso, con el consiguiente peligro de desplomarse él y toda la estructura, provocando y provocándole daño.

Por eso, la solución que propone el Mentor es ahondar en el verdadero origen de las dificultades de su Cliente, cavar bien hondo en su pasado para llegar a niveles profundos de comprensión junto con él, para enderezar el puntal y poder volverlo a plantar en forma vertical y en su eje para que no tenga la sensación de carga ni de molestia o peso.

Así girará con toda la fuerza sobre el eje. El tiovivo se columpiará nuevamente volviendo al equilibrio inicial para lo que fue creado.

Utilizar bien la violencia

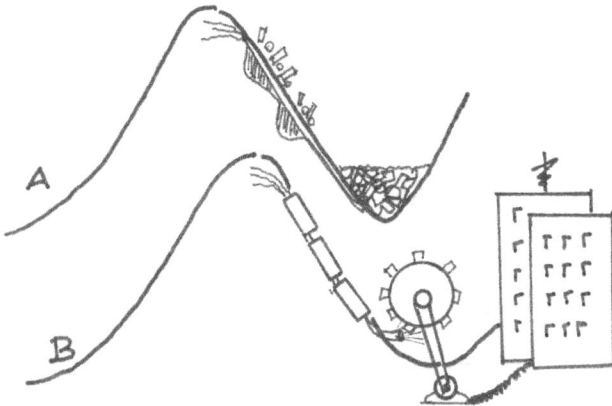

Un río que se desliza por la montaña se alimenta de múltiples fuentes y baja por un cauce determinado. Cuando el río se origina en la cima baja en forma caudalosa y a medida que se desliza, con la fuerza de la gravedad se vuelve cada vez más violento.

Intentar frenarlo es imposible. Además, durante su descenso rompe orillas a su paso, anega los alrededores y arrastra piedras y ramas. Todo ello, sumado a la fuerza del río, vuelve a romper más vallas y suma más piedras y maderas en su recorrido.

Este río desembocará en un lago o en el mar pero llenará toda la hondonada con una basura inservible.

Es decir, un cauce de energía totalmente desproporcionada y mal dirigida que lo único que provoca es daño y que junta basura en el lecho del valle o de las orillas del mar (Fig. A)

Sin embargo, con una forma bastante simple y casi natural, sin detener la fuerza y la violencia del río, se puede encamisarlo y armar una estructura de contención pero sin intentar detener sus fuerzas naturales, sino proporcionándole una dirección correcta que contendrá la violencia sin perder la fuerza.

Esta fuerza, es una violencia que si está bien manejada puede, por ejemplo, mover una rueda que hará girar una dínamo y proveer luz a toda una ciudad (Fig. B).

CUARTA PARTE

CONCLUSIONES

Cierre y despedida
Bibliografía
Contacto

A modo de cierre, despedida y conclusiones

Usted ha llegado al final de la lectura, y espero que haya logrado obtener una visión más detallada y profunda de lo que se hace en Mentoring y que este conocimiento aquí compartido pueda servir como guía para inspirarlo a reflexionar y a descubrir cosas de sí mismo y sus situaciones vitales.

Deseo que haya comprendido conceptos que quizás pueden resultarle útiles para poder impulsar la acción, el movimiento liberador de pasar por un momento de crisis, el miedo y la negatividad para poder descubrir un ego más fuerte, más fiel a sí mismo, y encontrar la capacidad de descubrir todas las posibilidades de un vivir más abierto, más feliz, sin miedo a ser vivido.

No incluí en este volumen los consabidos conflictos familiares porque en Mentoring trabajo desde hace muchos años con empresas familiares y creo que es un tema que se merece protagonizar el próximo libro de esta serie.

He desarrollado mis claves para aprender a cambiar, que evidentemente no son los compendios mágicos de los libros de autoayuda donde se tiende a que la gente piense que los cambios se dan mágicamente de hoy para mañana o repitiendo mantras.

Este es un libro para abrir el cerebro, para pensar y pensar-se, para entender que sin paciencia, comprensión y tal vez una buena ayuda no es posible salir de los círculos dolorosos.

Es un libro para agregar al conocimiento y poder sentirse íntegro, respirar el aire puro de la libertad que da el discernimiento y llegar lenta e inexorablemente a la independencia.

Gracias por acompañarme.

Ernesto Beibe / Mentor
Buenos Aires - Barcelona / Febrero de 2015

Bibliografía

Considero que la siguiente es la mínima bibliografía que un Mentor debe incorporar a sus conocimientos, para poder interactuar con su Cliente respecto de los temas que trata el presente libro:

ABRAHAM, Tomás, La empresa de vivir, Editorial Sudamericana, Buenos Aires, 2000.

ABRAHAM, Nicolás y TOROK, María, La corteza y el núcleo, Amorrortu editores, Madrid, 1987.

ARIÉS, Philippe y DUBY, Georges, Historia de la vida privada, Ed. Taurus, Buenos Aires, 2005

ASSOUN, PaulLaurent, Lecciones psicoanalíticas sobre cuerpo y síntoma, Ediciones Nueva Visión, Buenos Aires, 1998.

BAULEO, Armando, Psicoanálisis y grupalidad. Reflexiones acerca de los nuevos objetos del psicoanálisis, Ed. Paidós, Argentina, 1997.

BAUMGART, Amalia, Ataque de pánico y subjetividad. Estudio clínico-psicoanalítico, Ed. Eudeba, Buenos Aires, 2001.

BECK, Aaron; FREEMAN, Arthur; et al., Terapia cognitiva de los trastornos de personalidad, Barcelona, 1995.

BETTELHEIM, Bruno y ZELAN, Karen, Aprender a leer, Grupo Editorial Grijalbo, Barcelona, 1983.

BION, W.R., Aprendiendo de la experiencia, Ed. Paidós, Buenos Aires, 2009.

BLEICHMAR, Silvia, Paradojas de la sexualidad masculina, Ed. Paidós, Buenos Aires, 2006.

BORDELOIS, Ivonne, Etimología de las pasiones, Libros del Zorzal, Buenos Aires, 2006.

BORDELOIS, Ivonne, A la escucha del cuerpo. Puentes entre la salud y las palabras, Libros del Zorzal, Buenos Aires, 2009.

BORDELOIS, Ivonne, La palabra amenazada, Libros del Zorzal, Buenos Aires, 2005.

BOSZORMENYI-NAGY, Iván y SPARK Geraldine, Lealtades invisibles. Reciprocidad en terapia familiar intergeneracional, Amorrortu editores, Buenos Aires, 2008.

BRADDOCK, Carolyn J. , Las voces del cuerpo, Editorial Desclée de Brouwer, Bilbao, 1999

BURKA, Jane y YUEN Leonora, El hábito de posponer. ¿Por qué ud. siempre deja para mañana lo que puede hacer hoy?, Ed. Vergara. Buenos Aires. 1992.

CAPRA, Fritjof, El Tao de la Física. Una exploración de los paralelismos entre la física moderna y el misticismo oriental, Editorial Sirio, España, 2002.

CARRASCO, Ma. José, Disfunciones sexuales femeninas, Editorial Síntesis, Madrid.

CECCHIN, Gianfranco, LANE, Gerry y RAY Wendel, Irreverencia. Una estrategia de superviviencia para terapeutas, Ed. Paidós, Barcelona, 2002.

CHIOZZA, Luis, Psicoanálisis de los trastornos hepáticos, Alianza Editorial, Buenos Aires, 1998.

CHIOZZA, Luis, ¿Por qué enfermamos? La historia que se oculta en el cuerpo, Libros del Zorzal, Buenos Aires, 2007

CHIOZZA, Luis, Enfermedades y afectos, Alianza editorial, Madrid/Buenos Aires, 2001.

CHIOZZA, Luis, La transformación del afecto en enfermedad, Alianza Editorial, Madrid/Buenos Aires, 2001

COHEN, Herb, ¡Negocie y gane! ...pero sin involucrarse tanto que pierda de vista su objetivo original, Grupo Editorial Norma, Colombia, 2004.

COHEN, Herb, Todo es negociable, Grupo Editorial Norma, Barcelona, 1984.

COVEY, Stephen, Los 7 hábitos de la gente altamente efectiva, Ed. Paidós, Buenos Aires, 1997.

CUATRECASAS, Alfonso, Amor y sexualidad en la Antigua Roma, Grupo Difusión, Madrid, 2009.

CYRULNIK, Boris, El amor que nos cura, Gedisa editorial, Barcelona, 2005.

CYRULNIK, Boris, Los patitos feos. La resiliencia: una infancia infeliz no determina la vida, Gedisa editorial, Barcelona, 2003.

DAMASIO, Antonio, El error de Descartes, Drakontos bolsillo, Barcelona, 2008.

DE BECKER, Gavin, El valor del miedo. Señales de alarma que nos protegen de la violencia, Ed. Urano, Barcelona, 1998.

DE GAULEJAC, Vincent, La nevrose de classe, Hommes & Groupes éditeurs, París, 1987.

DE GAULEJAC, Vincent, La société malade de la gestion. Idéologie gestionnaire, pouvoir managérial et harcèlement social, Éditions du Seuil, París, 2005.

DE GAULEJAC, Vincent, Las fuentes de la vergüenza, Mármol/Izquierdo editores, Buenos Aires, 2008.

DEL CASTILLO, Paola, La psicogenealogía aplicada. Cómo una saga puede esconder otra, Ediciones Obelisco, Barcelona, 2013.

DETHLEFSEN, Thorwald y DAHLKE, Rüdiger, La enfermedad como camino. Un método para el descubrimiento profundo de las enfermedades, Ed. Debolsillo, Buenos Aires, 2004.

DÍAZ, Alberto, Bio...¿qué? Biotecnología, el futuro llegó hace rato, Siglo XXI editores, Buenos Aires, 2005.

DIGGS, Steve, Presente su mejor imagen. Haga Ud. mismo la promoción y la publicidad de su empresa, Javier Vergara Editor, Buenos Aires, 1992.

DOS SANTOS LARA, J. A., Biología e higiene, Editorial Troquel, Buenos Aires, 1969.

DOSSEY, Larry, Tiempo, espacio y medicina, Ed. Kairós, Barcelona, 1986.

DROIT, Roger-Pol y DE TONNAC, Jean-Philippe, Tan locos como sabios. Vivir como filósofos, Fondo de Cultura Económica de Argentina, Buenos Aires, 2003.

DUBUY, Georges y ARIÉS, Philippe, Historia de la vida privada del Imperio Romano, Editorial Alfaguara, Buenos Aires, 2005.

EKMAN, Paul, Cómo detectar mentiras, Ed. Paidós, Buenos Aires, 2010.

ERICKSON, Milton y ROSSI, Ernest, El hombre de Febrero. Apertura hacia la conciencia de sí y la identidad en hipnoterapia, Amorrortu editores, Buenos Aires, 2001.

FERNÁNDEZ, Sergio, Vivir sin jefe. El libro que hará que ames trabajar por tu cuenta, Plataforma editorial, Barcelona, 2009.

FERNÁNDEZ D'ADAM, Guillermo, Resiliencia. Ética y prevención, Editorial Gabas, Buenos Aires, 2004.

FERNÁNDEZ D'ADAM, Guillermo, Haciendo caminos. Primer tramo, Editorial Gabas, Buenos Aires, 2005.

FISHER, Roger; URY, William y PATTON, Bruce, Sí... ¡de acuerdo! Cómo negociar sin ceder, Grupo Editorial Norma, Bogotá, 1991.

FOLGARAIT, Patricia y FARJI-BRENER, Alejandro, Un mundo de hormigas, Siglo XXI editores, Buenos Aires, 2005.

FROMM, Erich, Ética y Psicoanálisis, Fondo de Cultura Económica, México, 2000.

FRUTIGER, Adrián, Signos, símbolos, marcas, señales, Ediciones Gustavo Gili, Barcelona, 1981.

GARCÍA PINTOS, Claudio, Viktor E. Frankl, La humanidad posible, Ed. Almagesto, Buenos Aires, 1998.

GEAR, Ma. Del Carmen; LIENDO, Ernesto; y ORIS DE ROA, Fernando, Drama y melodrama en la comunicación humana, Ediciones Culturales Universitarias Argentinas, Buenos Aires, 2002.

GLADWELL, Malcolm, Inteligencia intuitiva. ¿Por qué sabemos la vedad en dos segundos?, Ed. Taurus, Buenos Aires, 2006.

GLIKIN, Leonardo, El arte de dejar la empresa sin dejar la vida, Ed. Errepar, Argentina, 2011.

GOLDRATT, Eliyahu y COX, Jeff, La meta. Un proceso de mejora continua, Ediciones Díaz de Santos, España, 2005.

GOLEMAN, Daniel, Emociones destructivas. Cómo comprenderlas y dominarlas, Ed. Vergara, Buenos Aires, 2003.

GOLOMBEK, Diego, Cavernas y Palacios. En busca de la conciencia en el cerebro, Ada Korn Editora, Buenos Aires, 1999.

GOMBRICH, Ernst, Breve historia del mundo, Ediciones Península, Barcelona, 1999.

GONZÁLEZ PECOTCHE, Carlos Bernardo, El mecanismo de la vida consciente, Editorial Logosófica, Buenos Aires, 2008.

GORALI, Vera, Intersexo. Una clínica de la ambigüedad sexual, Grama ediciones, Buenos Aires, 2007.

GORALI, Vera (comp.), Estudios de Anorexia y Bulimia, Editorial Atuel, Buenos Aires, 2000.

GOYTIA, Cristina, Fobias, ansiedad, miedos. ¿Por qué soy mi peor enemigo?, Ed. Atlántida, Buenos Aires, 2004.

GRECCO, Eduardo, Despertando el don bipolar. Un camino hacia la cura de la inestabilidad emocional, Ediciones Continente, Buenos Aires, 2004.

GRECCO, Eduardo, La bipolaridad como don. Cómo transformar la inestabilidad emocional en una bendición, Ediciones Continente, Buenos Aires, 2003.

GROSS, Richard, Psicología. La ciencia de la mente y la conducta, Editorial El Manual Moderno, México, 1998.

HADDON, Mark, El curioso incidente del perro a medianoche, Ediciones Salamandra, Barcelona, 2004.

HAY, Louise, Usted puede sanar su vida, Ed. BOOKS4POCKET, Ediciones Urano, Barcelona, 2007.

HÉRIL, Alain, Pensamiento positivo, Gaia ediciones, Madrid, 1999.

HIRIGOYEN, Marie-France, Las nuevas soledades, Ed. Paidós, Buenos Aires, 2013.

INGOUVILLE, Francisco, Del mismo lado. 90 cuentos y algo de teoría para llevarse mejor con la gente, Ed. Grijalbo,Buenos Aires, 2001.

JAKES, Ian, Enfoques teóricos del trastorno obsesivo-compulsivo, Editorial Desclée de Brouwer, Bilbao, 2001.

JAQUES, Elliott, La organización requerida, Ediciones Granica, Buenos Aires, 2000

JODOROWSKY, Alejandro y COSTA, Marianne, Meta Genealogía, Editorial Sudamericana, Buenos Aires, 2011.

JUNG, Carl, El hombre y sus símbolos, Ed. Paidós, Barcelona, 1995.

KESSELMAN, Susana, El pensamiento corporal. De la inteligencia emocional a la inteligencia sensorial, Grupo Editorial Lumen, Buenos Aires, 2005.

KOHUT, Heinz, La restauración del sí-mismo, Ed. Paidós, Barcelona, 1980.

KOHUT, Heinz, Analisis del self. El tratamiento psicoanalítico de los trastornos narcisistas de la personalidad, Amorrortu editores, Buenos Aires, 1986.

KORMAN, Víctor, El oficio de analista, Ed. Paidós, Argentina, 1996.

KOTLER, Philip, El marketing según Kotler. Cómo crear, ganar y dominar los mercados, Paidós, Argentina, 2001.

KÜBLER-ROSS, Elisabeth, Conferencias. Morir es de vital importancia, Ed. Luciérnaga, Barcelona, 2005.

KÜBLER-ROSS, Elisabeth, Aprender a morir. Aprender a vivir. Preguntas y respuestas, Ed. Sirpus, Barcelona, 2003.

KUSHNER, Harold, Cuando la vida te decepciona. Cómo enfrentar el dolor y las dificultades, Emecé Editores, Buenos Aires, 2006.

KUSNETZOFF, Juan Carlos, Andropausia. Renacer a los 50, Editorial Del Nuevo Extremo, Buenos Aires, 2001.

LAFOURCADE, Pedro, Evaluación de los aprendizajes, Editorial Kapelusz, Buenos Aires, 1969.

LAKOFF, George y JOHNSON, Mark, Metáforas de la vida cotidiana, Ediciones Cátedra, Madrid, 1980

LATNER, Joel, Fundamentos de la Gestalt, Cuatro Vientos Editorial, Chile, 2004.

LIBERMAN, Daniel, La historia del cuerpo humano, Ediciones de Pasado y Presente, Barcelona, 2013.

LINARES, Juan Luis, Del abuso y otros desmanes. El maltrato familiar, entre la terapia y el control, Ed. Paidós, Barcelona, 2002.

LINARES, Juan Luis, Identidad y narrativa. La terapia familiar en la práctica clínica, Ed. Paidós, Barcelona, 1996.

LORENZ, Konrad, Sobre la agresión: el pretendido mal, Siglo XXI editores, México, 1998.

LORENZ, Konrad, El comportamiento animal y humano, Plaza & Janes editores, Barcelona, 1972.

MANIS, Sergio, Cómo elegir a su socio con éxito. Guía práctica para evitar o solucionar problemas societarios, Ed. Granica, Buenos Aires, 1997.

MANNONI, Maud, La teoría como ficción. Freud, Groddeck, Winnicott, Lacan, Grupo Editorial Girijalbo, Barcelona, 1980.

MANNONI, Maud, La primera entrevista con el psicoanalista, Gedisa editorial, Barcelona, 1979.

MARINA, José Antonio, El rompecabezas de la sexualidad, Ed. Anagrama, Barcelona, 2002.

MARINA, José Antonio, Anatomía del miedo. Un tratado sobre la valentía, Ed. Anagrama, Barcelona, 2007.

MARINA, José Antonio, La inteligencia fracasada. Teoría y práctica de la estupidez, Ed. Anagrama, Barcelona, 2004.

MARINA, José Antonio, Los sueños de la razón. Ensayo sobre la experiencia política, Ed. Anagrama, Barcelona, 2006.

MARINA, José Antonio, Los arquitectos del deseo. Una investigación sobre los placeres del espíritu, Ed. Anagrama, Barcelona, 2007.

MARINA, José Antonio y DE LA VÁLGOMA, María, La lucha por la dignidad. Teoría de la felicidad política, Ed. Anagrama, Barcelona, 2005.

MATURANA, Humberto, La objetividad. Un argumento para obligar, Ed. Océano, España, 2002.

MATURANA, Humberto, El sentido de lo humano, Ed. Océano, España, 2002.

MC GOLDRICK, Mónica y GERSON, Randy, Genogramas en la evaluación familiar, Gedisa Editorial, Barcelona, 1993.

MILLER, Alice, El drama del niño dotado y la búsqueda del verdadero yo, Tusquets Editores, Barcelona, 2009.

MILLER, Alice, El cuerpo nunca miente, Tusquets editores, Barcelona, 2005.

MILLOT, Catherine, Exsexo. Ensayo sobre el transexualismo, Catálogos editora, Buenos Aires, 1984.

MONTAGU, Ashley, El Tacto. La importancia de la piel en las relaciones humanas, Ed. Paidós Ibérica, Barcelona, 2004

MORTERA, Simonne y NUNGE, Olivier, Análisis transaccional, Gaia ediciones, Madrid, 1999.

MÜLLER, Marina, Orientación vocacional, Miño y Dávila editores, Buenos Aires, 2001.

NARANJO, Claudio, La vieja y novísima Gestalt. Actitud y práctica de un experiencialismo ateórico, Cuatro Vientos Editorial, Chile, 2004.

NARANJO, Claudio, Autoconocimiento transformador. Los eneatipos en la vida, la literatura y la clínica, Saga ediciones, Argentina, 2005.

NASIO, Juan David, Un psychanalyste sur le divan, Petit Bibliothéque Payot, París, 2009.

NASIO, Juan David, Enseñanza de 7 conceptos cruciales del Psicoanálisis, Gedisa editorial, Barcelona, 1988.

NASIO, Juan David, El Magnífico niño del Psicoanálisis, El concepto de sujeto y objeto en la teoría de Jacques Lacan, Gedisa editorial,

Barcelona, 1994.

NASIO, Juan David, El Edipo. El concepto crucial del Psicoanálisis, Ed. Paidós, Buenos Aires, 2007.

NASIO, Juan David, Cómo trabaja un psicoanalista, Ed. Paidós, Buenos Aires, 2002.

NASIO, Juan David, ¿Por qué repetimos siempre los mismos errores?, Ed. Paidós, Buenos Aires, 2013.

NASIO, Juan David, El dolor de la histeria, Ed. Paidós, Buenos Aires, 2008.

NASIO, Juan David, El dolor físico, Gedisa editorial, Barcelona, 2007.

NASIO, Juan David, Los gritos del cuerpo. Psicosomática, Ed. Paidós, Buenos Aires, 2006.

NEIMEYER, Robert, Aprender de la pérdida. Una guía para afrontar el duelo, Ed. Paidós, Barcelona, 2002.

ODESSKY, Alejandro, Eutonía y estrés, Lugar Editorial, Buenos Aires, 2003.

PAUL-CAVALLIER, François, Hipnosis según Erickson, Gaia ediciones, Madrid, 1999.

PERLS, Fritz, Sueños y existencia. Terapia gestáltica, Cuatro Vientos Editorial, Chile, 2006.

PERLS, Fritz, Dentro y fuera del tarro de la basura, Cuatro Vientos Editorial, Chile, 1975.

PERRONE Reynaldo y NANNINI, Martine, Violencia y abusos sexuales en la familia. Una visión sistémica de las conductas sociales violentas, Ed. Paidós, Buenos Aires, 2007.

PETERS, Tom, Usted como marca. Cincuenta maneras de transformarse de simple empleado en una marca que proclama su diferencia, su compromiso y su pasión, Ed. Atlántida, Buenos Aires, 2000.

PIAGET, Jean, Psicología y pedagogía, Planeta-De Agostini, Barcelona, 1986.

POLETTI, Rosette y DOBBS, Barbara, Cómo crecer a través del duelo, Ediciones Obelisco, Barcelona, 2004.

PUNSET, Eduardo, El viaje a la felicidad. Las nuevas claves científicas, Ediciones Destino, Barcelona, 2006.

RABOSSI, Eduardo (comp.), Filosofía de la mente y ciencia cognitiva, Ed. Paidós, Barcelona, 1995.

REICH, Wilhelm, Análisis del carácter, Ed. Paidós, Barcelona, 2005.

RICARD, André, Diseño, ¿por qué?, Editorial Gustavo Gil, Barcelona, 1982.

ROMANO, Diana, Introducción al Método Feldenkrais. El arte de crear conciencia a través del movimiento, Grupo editorial Lumen, Buenos Aires, 2003.

ROZANSKI, Carlos Alberto, Abuso sexual infantil. ¿Denunciar o silenciar?, Ediciones B Argentina, Buenos Aires, 2003.

SAPETTI, Adrián, Confesiones íntimas. Historias reales de sexo y pasión, Ediciones B Argentina, Buenos Aires, 2009.

SARAMAGO, José, La Caverna, Editorial Alfaguara, Buenos Aires, 2013.

SARY, Patrick, PNL, Gaia ediciones, Madrid, 1999.

Ernesto Beibe

SCAGLIA, Héctor, Psicología. Conceptos preliminares, Eudeba, Buenos Aires, 2002.

SCHNAKE, Adriana, Los diálogos del cuerpo. Un enfoque holístico de la salud y la enfermedad, Cuatro Vientos Editorial, Chile, 2005.

SCHNAKE, Adriana, Sonia, te envío los cuadernos café. Apuntes de terapia gestáltica, Editorial Estaciones, Buenos Aires, 1993.

SCHNAKE, Adriana, La voz del síntoma. Del discurso médico al discurso organísmico, Cuatro Vientos Editorial, Chile, 2001.

SCHNAKE, Adriana, Enfermedad, síntoma y carácter. Diálogos gestálticos con el cuerpo, Editorial Del Nuevo Extremo, Buenos Aires, 2007.

SCHÜTZENBERGER, Anne Ancelin, Le psychodrame, Petite Bibliothèque Payot, París, 2003.

SCHÜTZENBERGER, Anne Ancelin, La voluntad de vivir. La ayuda a un enfermo de cáncer, Ed. Omeba. Buenos Aires, 2005.

SCHÜTZENBERGER, Anne Ancelin, ¡Ay, mis ancestros!, Edicial, Buenos Aires, 2002.

SEMERARI, Antonio, Historia, teorías y técnicas de la psicoterapia cognitiva, Ed. Paidós, Barcelona, 2002.

SERRANO, Vicente, La herida de Spinoza. Felicidad y política en la vida posmoderna, Ed. Anagrama, Barcelona, 2011.

SHELDRAKE, Rupert, De perros que saben que sus amos están camino de casa y otras facultades inexplicadas de los animales, Ed. Paidós, Barcelona, 2001.

SHINODA BOLEN, Jean, Los dioses de cada hombre. Una nueva psicología masculina, Editorial Kairós, Barcelona, 1999.

SINAY, Sergio, La masculinidad tóxica. Un paradigma que enferma a la sociedad y amenaza a las personas, Ediciones B, Buenos Aires, 2006.

SINTON, William, Lesiones deportivas en los niños, Hoffmann – La Roche, 1979.

SODERINI, Julio, Maquiavelo. Las técnicas del poder. Cómo aniquilar a la competencia, Editorial Distal, Buenos Aires, 2005.

SVAMPA, Maristella (comp.), Desde abajo. La transformación de las identidades sociales, Editorial Biblos, Buenos Aires, 2000.

SZCZEKLIK, Andrzej, Catarsis. Sobre el poder curativo de la naturaleza y el arte, Ed. Acantilado, Barcelona, 2010.

TIBÓN, Gutierre, Diccionario etimológico comparado de nombres propios de persona, Fondo de Cultura Económica, México, 1998.

TODOROV, Tzvetan, Deberes y delicias, Fondo de Cultura Económica de Argentina, Buenos Aires, 2003.

TOLJA, Jader y SPECIANI, Francesca, Pensar con el cuerpo. Cómo ampliar nuestra percepción de la realidad más allá de la mente, Editorial Del Nuevo Extremo, Buenos Aires, 2006.

TZU, Sun, El arte de la guerra. Versión de Thomas Cleary, Editorial EDAF, Madrid, 2007.

URY, William, ¡Supere el no!, Grupo Editorial Norma, Buenos Aires, 1993.

URY, William, El poder de un NO Positivo, Grupo Editorial Norma, Bogotá, 2007.

VAN EERSEL, Patrice y MAILLARD, Catherine, Mis antepasados me duelen: psicogenealogía y constelaciones familiares, Ediciones

Ernesto Beibe

Obelisco, Barcelona, 2004.

VAN RILLAER, Jacques, Miedos, angustias y fobias, Gaia ediciones, Madrid, 1999.

VINCENT, Jean-Didier, Viaje extraordinario al centro del cerebro, Editorial Anagrama, Barcelona, 2009.

WEATHON, Alice, Dígame NO. El verdadero poder de la venta inversa, T&M Editores, Buenos Aires, 2005.

WHEELER, Gordon, Vergüenza y soledad, El legado del individualismo, Editorial Cuatro Vientos, Chile, 2005.

WINKIN, Y. (comp.), La nueva comunicación, Ed. Kairós, Barcelona, 1980.

WINNICOTT, D.W., Realidad y juego, Gedisa editorial, Barcelona, 2003.

ZIMMERMAN, Héctor (comp.), Tres mil historias de frases y palabras que decimos a cada rato, Ed. Aguilar, Buenos Aires, 1999.

SI QUIERE COMUNICARSE CON EL MENTOR

ERNESTO BEIBE

ernesto.beibe@gmail.com

España: 0034 628698809

Argentina: 0054 9 11 4198 6568

www.ernestobeibementor.com

www.ingramcontent.com/pod-product-compliance
Lightning Source LLC
Chambersburg PA
CBHW060324200326
41519CB00011BA/1824